13 Svalbard
14 Lofoten
15 Laponia-Rentrek
17 Cevennen
19 Ätna
22 Alabasterkarawane
23 Stairway to Heaven
21 Hoggar
24 Andamanensee
25 Palau und Yap
26 Bay of Fires, Overland Track

Für Ingrid

TREKKING
TRAUM ZIELE

Abenteuertouren auf allen Kontinenten

Michael Vogeley

AS Verlag

www.as-verlag.ch

Gestaltung: Urs Bolz, Heinz von Arx,
www.vonarxgrafik.ch, Zürich
Lektorat: Monika Schib Stirnimann, Basel
Korrektorat: Brigitte Frey, Kaiseraugst
Fotolithos: Micha Steinmann, Zürich
Druck: B & K Offsetdruck GmbH, Ottersweier
Einband: Grossbuchbinderei Josef Spinner
GmbH, Ottersweier
ISBN 978-3-909111-83-1

Inhalt

Abenteuer-Trekking, wo die Welt noch wild ist

Kommen Sie mit? In Trekkers Eldorado für Entdecker und Weltenbummler? Wollen Sie Abenteuer auf allen Kontinenten erleben? Die schönsten Plätze dieser Erde auf natürliche Art, aus eigener Kraft erobern?

Vielleicht verändert dieses Buch Ihre Vorstellung von Abenteuer, vielleicht werden Sie Überraschendes, zum Nachdenken Anregendes, auch Richtungsweisendes über dieses Phänomen erfahren. Abenteuer ist vor allem Ungewissheit – machen Sie sich bereit, und lassen Sie uns den Trek in ein spannendes Thema starten.

Trekking ist mehr, als zu Fuß unterwegs zu sein

Allgemein versteht man unter «Trekking» längeres Wandern. Dies muss aber nicht unbedingt zu Fuß sein. Trekken kann man auch als Reiter oder mit dem Fahrrad, dem Kanu, auf Langlaufskiern, mit Schneeschuhen oder anderen Outdoor-Fortbewegungsmitteln. Die Touren führen oft in Gebiete fern der Zivilisation. Grundsätzlich ist Trekking jedoch in jedem Gebiet der Erde möglich, also auf allen Kontinenten. Bei besonders gewagten Formen spricht man von Expeditionen.

Ein Abenteuer ist ein Wagnis, ein wunderbares Erlebnis oder auch eine chevalereske Tat. Abenteuer ist für jeden anders und für jeden anders wichtig. Es ist immer ein zutiefst subjektives Erlebnis. Und so kann auch Briefmarken sammeln oder an der Börse spekulieren abenteuerlich sein. Aus meiner Sicht gehört zu einem Abenteuer aber unbedingt das Erleben der Natur. Und trotz einiger spektakulärer Alleingänge ziehe ich «Outdoor» – wie es Neudeutsch heißt – im Team einem Solo vor.

Herausforderungen in den ungebändigten Ödlandgebieten der Erde anzunehmen, eignet sich auch bestens, um berufliche Probleme oder wackelige Beziehungskisten aufzuarbeiten. Trekking-Abenteuer in der Wildnis sind auch eine Lebensschule.

Was aber ist ein Abenteurer, was ein abenteuernder Trekker? Ein Glücksritter oder ein risikogeiler Aussteiger? Oder einer, der dem Alltag entfliehen will? Der Polarforscher Arved Fuchs sagt dazu: «Ein Abenteurer wird oft als windiger, unseriöser Draufgänger gesehen, der sich weder um Tod noch Teufel schert, der die Gefahr sucht und darin umkommt – oder gar andere mit ins Verderben zieht. Für mich ist Abenteuer mit ganz anderen Werten verbunden – mit gesunder Neugier, Kreativität und Gestaltungskraft.» Dem stimme ich voll und ganz zu. «Erst durch das Aufsuchen der eigenen Grenzen erfährt man, wer man wirklich ist», behauptet der Psychologe Gert Semler.

Der Neandertaler steckt in uns

Abenteuerlust ist völlig normal, es gibt sie, seit es Menschen gibt. Es ist die Suche nach purem Leben – das heißt nach Selbstbestimmung, Befriedigung der natürlichen Neugier und dem Annehmen von ungewöhnlichen Herausforderungen. Und damit auch Pioniergeist, der in unserer «Airbag-Welt» sowohl im Privat- wie auch im Geschäftsleben immer wichtiger wird.

Waren die Goldgräber am Klondike Trekker, waren sie Abenteurer, abenteuernde Trekker oder waren sie «Surviver»? Damals, im großen Goldrausch, kam wohl dies alles zusammen. Wie alles andere verändert sich auch das Trekken im Verlaufe der Zeit. Manche Kritiker tun die heutzutage vermehrt auftretende Lust am Abenteuer als pervertierten Auswuchs einer übersättigten Konsumgesellschaft ab. Doch die Begierde, auszubrechen, ist eine urmenschliche Eigenschaft. Wege entstehen, indem wir sie gehen. Grenzen existieren nur im Kopf. Und es ist ein elementares Erlebnis, körperlich müde, aber frei im Kopf zu sein.

Es gibt kaum noch weiße Flecken auf den Landkarten, alle großen Taten in den Wildnissen dieser Erde sind getan. Deshalb können wir uns nur noch auf ungewöhnlichen Wegen ausleben, nämlich Neues für uns entdecken.

Lebe dein Leben, die Welt ist durchgehend geöffnet

Echte Erfolgserlebnisse sind nur möglich, wenn wir uns selber Regeln auferlegen: «Back to the roots», «aus eigener Kraft» oder «by fair means». Was so viel heißen soll wie «ohne großen technischen Aufwand». Die Quelle dafür ist Trekking in all seinen Spielarten, und das Medium dafür sind die Wildnisse der Erde.

Über ungebändigte Naturformen schrieb der Schriftsteller und Philosoph Henry David Thoreau schon vor rund 150 Jahren: «In der Wildnis liegt die Rettung der Erde.» Und Jean-Jacques Rousseau predigte sein «Zurück zur Natur» schon im frühen 18. Jahrhundert.

Im Ödland finden wir noch wilde Gebirge, das ewige Eis der Polargebiete, unbegradigte Flüsse, sich ständig verändernde Ozeane, «tote» Wüsten voller Leben, zerborstene Gletscher und lärmenden Urwald. Da, wo die Welt noch wild ist, findet der Trekker faszinierende Abenteuermilieus.

Diese wilden Naturformen zu «ertrekken», ist eine Charakterschule, in der Selbstvertrauen zu gewinnen ist, Kreativität entwickelt und Durchsetzungsvermögen geschult wird. Und obwohl der Körper gefordert wird und Leistung erbringen muss, hat Trekking auch eine meditative Seite, ist quasi «autogenes Training mit anderen Mitteln». Gemäß dem «Brockhaus» soll autogenes Training dazu anleiten, «seine Seele und seinen Leib unter Kontrolle zu bringen». Das passt auf das «Abenteuer Trekking» perfekt.

Aber nur wer seine Basis nach der Maslow'schen Bedürfnispyramide gesichert hat – sinnbildlich also Butter und Brot und ein Dach über dem Kopf hat, also in wirtschaftlich geordneten Verhältnissen lebt –, erhält die Freiheit, nach einer ergänzenden (nicht einer alternativen!) Lebenserfüllung zu suchen. Die Wildnis bietet dafür ein perfektes Umfeld.

Die faszinierenden Einöden des Globus sind aber auch empfindlich. Wir Trekker zertrampeln die Natur nicht und gehen sorgfältig mit ihr um, wenn wir in sie eindringen. Selbst die Ermahnung «Hinterlasse nicht mehr als deine eigenen Fußspuren» kann in besonders empfindlichen Ökosystemen noch höhere Sensibilität erfordern.

Herausforderungen bewältigen

«No borders, no timetables, no deadlines.» Die Ungewissheit in manchen Trekkingsituationen bedingt auch, einen Misserfolg akzeptieren zu können. Um ein Ziel zu erreichen, muss man es unbedingt wollen. Wenn man trotzdem scheitert, weil beispielsweise die Natur zu ungestüm war, ist es tatsächlich nicht entscheidend, ob das anvisierte Ergebnis erreicht wurde. Wenn man sagen kann: «Wir hatten ein Wahnsinnserlebnis», dann war man erfolgreich, denn der Weg ist das Ziel. Der Psychologe Marvin Zuckerman fand nach Jahrzehnten der Forschung heraus, dass gesteigerter Erlebnisdrang zum menschlichen Urinstinkt gehört und der Arterhaltung dient.

Für uns Trekker sollte jedoch nicht gelten: immer der Erste sein, immer schwieriger, schneller, weiter, höher ... Wir wollen keine Übermenschen oder strahlende Sieger sein. Für den echten Trekker ist nicht die öffentliche oder soziale Anerkennung wichtig, sondern «mit fliegenden Lungen zu philosophieren», wie es Reinhold Messner formulierte.

«Wir erreichen unser Ziel!», das sollte unsere Maxime sein. Aber im Ernstfall auch: «Wir scheiterten fröhlichen Herzens, denn wir waren erfolgreich, weil wir zurückkehrten.»

Geschäft, Chef, Kontostand und Partnerprobleme sind auf einem Trek für eine Zeit weit weg. Mit diesem Abstand lädt man seine Batterien auf, schöpft Kraft, wird stark – und löst zu Hause dann alle Aufgaben leichter. Es gibt ihn nämlich, den Transfereffekt spannender Situationen in das private und berufliche Leben.

Ausgerechnet unser ältester Teilnehmer bei einer Nordpol-Expedition sprach auf 90 Grad Nord treffend von einem «Orgasmus der besonderen Art».

Nansen, Hedin, Amundsen, Scott, Shackleton

Sie waren «Trekker» in Reinkultur, schon damals, als man dieses Modewort noch nicht erfunden hatte. Waren sie, die großen Entdecker, auch Abenteurer? Waren sie Forscher? Suchten sie nur Ruhm und Ehre? Trieb sie wissenschaftliche Neugier? Oder die Gier nach dem Erfolg, der materielle Gewinn? Warum nahmen die größten Abenteurer der Geschichte oft unmenschliche Strapazen und Lebensrisiken auf sich?

Fridtjof Nansen, der unter unsäglichen Mühen mit Skiern als Erster Grönland durchquerte und auf dem schwimmenden Deckel des arktischen Packeises versuchte, den Pol zu erreichen? Sven Hedin, der mit erheblichen Risiken und der Gefahr, zu verdursten, die Wüsten Asiens durchwanderte? Roald Amundsen, der mit ausgefeilter Taktik und glänzender Logistik am Südpol mit Hundeschlitten erfolgreich war? Sir Robert Falcom Scott und seine Begleiter, die in der Antarktis trotz großer Erschöpfung bei extremer Kälte tapfer ihre Schlitten zogen und schließlich doch elendiglich starben?

Dies ist nur eine kleine Auswahl bekannter Abenteurer, die sich aus eigener Kraft fortbewegten. Der wohl härteste aller Polarforscher, Sir Ernest Shackleton, gab vor einer Antarktisexpedition Anfang des letzten Jahrhunderts in einer Zeitung folgende Anzeige auf: «Männer für gefährliche Reise gesucht – bei kleinem Gehalt, schneidender Kälte, langen Monaten vollständiger Dunkelheit, ständiger Gefahr. Sichere Rückkehr zweifelhaft.» Es meldeten sich 400 Bewerber!

Der Grund? Den «Odysseusfaktor» gab es schon seit jeher. Neugier, Entdeckerfreude, Lust am Unbekannten und Freude an der Bewährung sind zutiefst menschliche Antriebe. Abenteurer zu sein ist kein Beruf, sondern ein Zustand.

Erlebnisse bis unter die Haut tun einfach gut.

Das Können ist des Dürfens Maß

Treks beginnen im Kopf, und man sollte sich zu Herzen nehmen, was schon im 19. Jahrhundert der Klassealpinist Ludwig Purtscheller so formulierte: Das Können ist des Dürfens Maß. Jeder muss die Entscheidung für eine Tour von seinen Fähigkeiten abhängig machen. Und besonders sollte man lernen, den Filter «Gefahr» einzusetzen. Vordergründig ist das eine Kopfsache, hintergründig lebenserhaltendes Risikomanagement.

Es gibt Auswüchse auf dem Jahrmarkt der Eitelkeiten. Dazu gehört nicht nur, sich gegen Unsummen auf den Everest baggern zu lassen und dabei vielleicht zu sterben. Kein Abenteuer, kein Trekking, keine Expedition ist es wert, dafür das Leben zu riskieren.

Alleingänge sind eine besondere Herausforderung für Abenteurer: solo zum Gipfel X, den Punkt Y allein geschafft, die Einhandumsegelung schneller als A, mit noch weniger Wasser durch die Wüste als B.

«Elf Freunde sollt ihr sein!» Was für den Fußball gilt, hat auch beim Trekking seine Berechtigung: Nur ein gutes Team ist effektiv und erfolgssicher. Warum? Die NASA hat schon vor vierzig Jahren eine Art Spiel entwickelt, das anhand einer Katastrophensituation von Astronauten auf dem Mond den drastischen Beweis liefert: Die Gruppe ist stärker als der Einzelne. Im Geschäftsleben, in der Familie und in der Wildnis. Und das geteilte Erlebnis wirkt doppelt gut.

Trekker sind oft Individualisten. Eigenständige Persönlichkeiten zu einem «Wir» zusammenzuschweißen, scheint schwierig. Wenn es klappt – und das tut es, wenn ein gemeinsames Ziel da ist –, ist Teamformung unter Trekkingbedingungen eine ungeheuer wirkungsvolle Methode. Noch ist es nur eine Mode, dass sich Konzernlenker mit ihrer Führungscrew zum Beispiel den Unwägbarkeiten des Kletterns oder Weitwanderns aussetzen. Doch die Erkenntnis ist simpel und seit Jahrtausenden erprobt: Eine Mannschaft wächst in schwierigen Situationen zusammen. Individualisten, die allein verloren wären oder zumindest schlechter zurechtkämen, werden in einer Gruppe mit einem Ziel zusammengehalten. Das Ergebnis ist dann größer als die Summe der Einzelnen – der Synergie-Effekt. Das Maximum an Effektivität ist dabei die Leitung durch einen charismatischer Führer.

Ich lebe mein Abenteuer – also bin ich

Wann waren Sie das letzte Mal im Wald? Normalerweise gehen wir wochenlang nur über Teppichböden und Beton. Und manche erleiden einen Herzinfarkt, weil sie zu viel am Schreibtisch oder vor dem Fernseher gesessen haben. Trekking erleben ist medizinisch betrachtet ein Jungbrunnen. Es ist Strapaze – und bedeutet damit Leben. Den Sinn des Daseins finden, Entdeckungen aus eigener Kraft machen und die Einfachheit des Lebens in der Natur wieder erfahren – das ist Trekking.

Bei einem Ausbruch auf Zeit verlassen wir unser überversichertes Dasein und suchen ein anstrengendes Erlebnis, unser persönliches Abenteuer. Der tägliche Trott fließt vorbei, Außergewöhnliches dagegen bleibt im Kopf haften. Das ist Lebensqualität auf hoher Stufe.

«Heute ist der erste Tag vom Rest meines Lebens.» – Man sollte sich die eigene Endlichkeit öfter bewusst machen. Es macht keinen Sinn, zu sagen «Wenn ich in Rente bin, dann werde ich ...» Das Abenteuer Leben findet jetzt statt. Und das nächste Trekking plant man heute und startet es bald!

Ich schule Teams in der Natur und habe mit subjektiv herausfordernden Treks verblüffende Ergebnisse erzielt, die im Konferenzraum in der kurzen zur Verfügung stehenden Zeit kaum zu erreichen sind. Warum? Teamtraining in der Natur mit ungewohnten Herausforderungen aus dem Trekking-Milieu zeigt eine außerordentliche Effektivität. Individualisten werden durch ein Ziel zusammengehalten. Sich unter Leistungsdruck zu setzen – oder gesetzt zu werden – und dann das (Trekking-)Ziel zu erreichen, erzeugt Leistungsglück.

Ich bin Trekker, Bergsteiger, Abenteurer, Journalist, Polarforscher, Teamtrainer – früher auch Manager –, und man hat mir schon manche artige Bezeichnung verliehen: «Erfolgreichster deutscher Abenteurer» (Fit for Fun), «Der mit dem Leben spielt» (Stern), «Manager on the rocks» (manager magazin), «Zwischen den Polen und der Südsee zuhause» (Capital) ... Ich liebe und lebe Trekking-Abenteuer in den Wildnissen dieser wunderschönen Erde aus tiefster Überzeugung und mit Leidenschaft. Aber ich bin kein Zivilisationsdeserteur und stelle mich freudig täglich meinen beruflichen und privaten Herausforderungen.

Trekken auch Sie mit! Auf allen Kontinenten, da, wo die Welt noch wild und abenteuerlich ist.

Cliffhanger

Der Kalalau-Trail an der Na-Pali-Küste ist von Natur aus schön

1

Der Trek im Norden der hawaiischen Insel Kauai gilt als attraktivste Küstenwanderung des Pazifiks. Er führt über mindestens 18 Kilometer, entlang bizarrer Klippen, durchquert fünf Täler und endet am paradiesischen Kalalau Beach. Im Jahr 1800 legten Siedler diesen Pfad an, um ihre Dörfer mit den Taro- und Kaffeefeldern zu verbinden. «Na Pali» bedeutet «Klippen». Diese prägen einen der spektakulärsten Küstenabschnitte Hawaiis. Mehr als tausend Meter fallen unzugängliche Lavahänge zum Meer ab. Die Na-Pali-Küste zählt zu den sensationellsten Landschaftsformen der Erde. Manche schwärmen vom außergewöhnlichsten Wanderweg der Welt.

Die zerklüftete Na-Pali-Küste fällt zu Traumstränden ab. Mit ihren Klippen und Tälern ist sie eines der Wahrzeichen Hawaiis und Kauais größte Naturattraktion (linke Seite). Der dichte Regenurwald ist für den Trekker eine ungewohnte Herausforderung (oben).

Grandiose Vulkanlandschaften, farbenprächtige Regenwälder, wilde Küsten und malerische Palmenstrände bieten auf den Inseln eine Fülle herausragender Wanderungen in paradiesischer Umgebung. Nirgendwo auf der Erde lässt sich aktiver (und passiver) Vulkanismus leichter beobachten als auf den Inseln von Hawaii. Feuer und Wasser bieten faszinierende Kontraste, glühende Lavaströme ergießen sich dampfend und grollend in den Pazifik. Nirgends auf der Welt ist es ungefährlicher, dieses Phänomen aus allernächster Nähe zu erleben. Die Inseln zählen zu den schönsten der Südsee, viele sind Wildnisse in noch unberührter Natur. Der isolierte Archipel liegt 4000 Kilometer vom nächsten Kontinent entfernt. Die legendären Landschaften beherbergen um die 9000 Pflanzen- und Tierarten, die sonst nirgends auf der Welt vorkommen.

Eine Perle in diesem Archipel der Superlative ist ein ganz besonderes Eiland. Berühmte Hollywood-Regisseure wählten Kauai für Filme wie «Jurassic Park» oder «Jäger des verlorenen Schatzes». Die nördlichste aller bewohnten Hawaii-Inseln verwöhnt mit schneeweißen Stränden und der wilden Na-Pali-Küste. Der Kalalau Beach – das Trekkingziel – ist ein Tropenparadies weitab vom Schuss. Er ist nur per Boot zu erreichen. Oder zu Fuß über einen der spektakulärsten Wanderwege der Welt.

Kauai ist eine Welt für sich

Das Paradies empfängt uns mit dem intensiven Farbenrausch eines hawaiischen Sonnenunterganges. Und die Geschichte unserer Wanderung beginnt schon um Mitternacht. Wir erwachen im Zelt, weil ein lauter Donnerschlag die Stangen wackeln lässt. Es blitzt und kracht und schüttet, und wir haben das Gefühl, im Gewitter unter einem Wasserfall zu liegen.

Beim Start sind unsere Kleider feucht. Kommt das vom Nieselregen, oder schwitzen wir schon? Was soll's, frieren kann man kaum bei 30 Grad Celsius plus und einer Luftfeuchtigkeit von rund 90 Prozent. Nach etwas über einer Stunde haben wir den höchsten Punkt schon hinter uns, sind auf dem Abstieg zum Hanakapiai Beach und betreten dort den ersten Traumstrand. Vor einem Bad im Meer wird wegen unberechenbarer Dünung eindringlich gewarnt. Nach einer Statistik gibt es nirgendwo auf Kauai so viele tödliche Badeunfälle wie hier. Man kann am Strand stehen, und die Wellen plätschern um die Knöchel – alles sieht harmlos aus. Aber die Dünung kommt von weit her, meistens von verschiedenen Sturmzentren mit unterschiedlichen Wellen-Frequenzen. Dazu laufen hohe Wogen quer zur Küste, die durch Abpraller von den steilen Klippen gebildet werden. Wenn sich diese Wellenfronten überlagern, türmt sich aus dem Nichts heraus eine mehrere Meter hohe Wasserwand auf. Wenn einen ein solcher

Den Kalalau-Trail hatten ursprünglich Einheimische angelegt, um die Tarofelder zu bestellen. Die Wasserbrotwurzel war und ist ein wichtiges Nahrungsmittel der Insulaner (oben). Der Kee Beach ist die erste einer Reihe fantastischer Buchten am Trail. Baden ist wegen starker Strömungen und Tsunamigefahr nicht zu empfehlen (rechts). Mit exotischer Flora (unten) und zutraulicher Fauna (rechte Seite; unten) macht man auf dem Trek immer wieder Bekanntschaft.

Einheimische genießen frischen Kokosnusssaft (links). Wellenreiten, der Nationalsport Hawaiis, ist der Hit an den Stränden Kauais (rechts).

Mini-Tsunami erwischt, hat man keine guten Karten. Wir verkneifen uns das Baden im lockenden Meer und wählen lieber den Fluss.

«Wenn dir das Wetter nicht gefällt, warte fünf Minuten oder gehe fünf Meilen weiter.»
Das behauptet ein hawaiisches Sprichwort. Es stimmt.

Wir schultern die Rucksäcke und tauchen ein in den Regenwald. Vorbei an riesigen Schraubenbäumen, Ingwerpflanzen, Tüpfelfarnen, enormen Agaven und gigantischen Stauden, die man gewöhnlich in Miniaturausführung in unseren Wohnzimmern züchtet. Bergauf, bergab wandern, über Wurzeln und kopfgroße Steine stolpern, Flüsse durchqueren. Der Blick auf die zerklüftete Küstenlinie, die steil und grün ins Meer abfällt und an der sich die Monsterwellen brechen können, ist wie auf ein kitschiges Gemälde. Wir bleiben wachsam auf dem Pfad mit seinen schlammigen Passagen, ausgesetzten Querungen und schwindelerregenden Blicken auf die Klippen.

Flussdurchquerungen erfordern Trittsicherheit. Und ein Abstecher in ein mückenbevölkertes Seitental führt zu einer verwilderten Kaffeeplantage mit exotischen Obstbäumen und köstlichen Passionsfrüchten.

Gegen Ende wird der Trail leichter. Es geht raus aus dem Regenwald, entlang trockener Klippen, deren Pfad sich sehr schmal und sehr hoch über dem wogenden Ozean windet. Schon aus der Ferne können wir es dann sehen: das zerfurchte Kalalau-Tal mit seinem riesigen Strand.

Wow!

1 Kalalau-Trail, Kauai, Hawaii

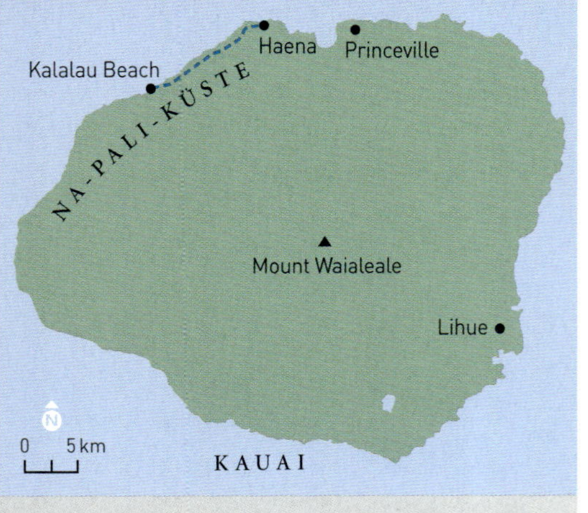

Anreise: Internationale Flüge nach Honolulu auf der Insel Oahu. Regionalflug von dort («Island Hopping») nach Lihue auf Kauai.
Beste Reisezeit: Ganzjährig. Optimal Mitte April bis Ende Juni.
Charakter: Der Trail gilt als das schönste Trekking Hawaiis – oder des Pazifiks oder gar der Welt! Ein Weg mitten durchs Paradies.
Anforderungen: Schwindelfreiheit, gute Konstitution und gute Ausrüstung. Nicht zu nahe an die Felsvorsprünge treten, nie vom Weg abgehen, Steinschlaggefahr. Der Trek ist anspruchsvoll und fordert auch den geübten Wanderer (siehe Kasten). Jagdgebiet, keine grüne Kleidung tragen und immer auf dem Hauptweg bleiben.
Übernachtung: In den Inselorten Hotels, Pensionen, Motels, Campingplätze jeder Ausprägung. Auf dem Trek zwei ausgewiesene Camping-Areas ohne Infrastruktur. Unterwegs keine Einkaufsmöglichkeit.
Ausrüstung: Man ist im – warmen – Regenland. Rucksackregenhüllen, leichte, regenresistente Kleidung, wetterfeste Zelte, Campingausrüstung, hohe, wasserdichte Trekkingschuhe, Trekkingstöcke (besonders für die Flussdurchquerungen), Wasserdesinfektionsmittel, Mückenschutz, Sonnenschutz.
Informationen: Zahllose Literatur. Besonders zu empfehlen: «Hawaii» von Ulrich Quack, ISBN 3-923975-58-9. www.kalalautrail.com
Karten: Nelles Maps, Hawaiian Islands, 1:150 000/1:330 000.

Je nach Lage, Wetter und Bewuchs ist der Weg felsig mit Steinbrocken oder matschig mit Pfützen. Das Druckwasser der Berge findet seinen Weg hierher. Nasse Wurzeln sind besonders hinterlistig. Wir gehen vorsichtig und haben nicht den Ehrgeiz, den Trail aus der Froschperspektive zu betrachten.

Am Ende der Wanderung wartet am Kalalau Beach ein wahres Paradies. Direkt unterhalb eines Wasserfalls bauen wir unser Zelt auf. Der Strand scheint Südseeträumen entsprungen. Wir fühlen uns wie im Film «The Beach» und warten, dass Leonardo DiCaprio lässig um die Ecke schlendert. Abseits jeglicher Zivilisation ist es hier unwirklich schön.

Wir denken an den Rückweg, die rutschigen Wurzeln, die exponierten Pfade über steilen Klippen und an den Regen, der uns ein paar Mal erwischte. «Man muss durch die Hölle gehen, um ins Paradies zu gelangen.»

Immer wieder müssen auf dem Kalalau-Trail Flüsse gequert werden. Nach Regenfällen können diese für Tage unpassierbar werden.

Konkretes zum Kalalau-Trail

Entlang der Na-Pali-Küste auf Kauai zieht sich der 11 Meilen (ca. 18 Kilometer) lange Pfad vom Kee Beach (nahe Haena bzw. Princeville) zum Kalalau Beach «in the middle of nowhere». Mit einem Ruhetag am Ziel und einigen Abstechern zu spektakulären Tälern und Wasserfällen sollte man die Tour auf drei, besser vier Tage ausdehnen. Es werden fünf größere Täler durchquert – durch Wind und Regen geformt und zu Abstechern lockend –, bevor der Pfad am Sandstrand des Kalalau-Beach-Campings mit seiner Traumlage vor hohen Felswänden auf blendend weißem Sand endet.

Wer den anstrengenden Trek in seiner Gesamtheit gehen will, braucht eine Genehmigung – auch für die Übernachtungen –, die man beim State Park Office in Lihue bekommt. Die drei offiziellen Naturzeltplätze in den Tälern sind auf insgesamt fünf Nächte limitiert.

Wenn es regnet, schwillt der Kalalau – normalerweise ein harmloser Bach – rasant an und wird tagelang unpassierbar. Der größte Fluss auf der Strecke ist der Hanakao. Bei Hochwasser wird er zu einem dreiarmigen Strom, der das Tal ganz für sich beansprucht. Der Trail kann dann oft für Tage versperrt sein.

Wer die anspruchsvolle Tour machen will, sollte schwindelfrei und trittsicher sein und genug Wasser (oder Desinfektionstabletten) mitnehmen.

Hin- und Rückweg dauern – ohne Abstecher und empfohlenes Relaxen am Kalalau Beach – zwei Tage (mindestens 16 Stunden reine Gehzeit, Höhendifferenz ca. 500 Meter). Bei Regen wird der Trail extrem matschig, rutschig und damit heikel.

Der Chilkoot-Trail – das Tor zum Klondike | 2

Auf den Spuren der Goldsucher von Alaska nach Kanada

Einsam, weit, unendlich. Dem Ruf der Wildnis in Jack-London-Manier auf den Spuren des Goldrauschs folgen. Auf Schritt und Tritt stößt man auf dessen Relikte. Der Hype wurde durch die Entdeckung des Edelmetalls im legendären Yukon-Territorium ausgelöst und erreichte 1897 bis 1899 seinen Höhepunkt. 100 000 Glücksritter aus aller Welt zogen unter unsäglicher Mühsal über den Chilkoot Pass. Der spannendste und für Wanderer anspruchsvollste Teil des «Weges» zu den Goldfeldern liegt im Klondike Gold Rush National Historical Park, an Alaskas «Panhandle», dem Pfannenstiel, und dem angrenzenden Yukon-Territorium. Ein halbes Hundert abenteuerliche Wildniskilometer, die auch nachdenklich machen.

Erlen, Espen, Schierlingstannen und ungezählte Farne füllen die Luft mit Pflanzenduft. Gewitterartig blitzen Sonnenstrahlen durchs Grün der Blätter und lassen die moorigen Pfützen funkeln. Man stolpert durch Wildnis und findet im abziehenden Winter zwischen Schnee und keckem Gras einen kleinen Eisenofen, auch Yukon-Ofen genannt. Gleich daneben einen Schuh aus Leder und ein rostendes Metallrad. Die Fantasie – genährt durch die noch heute lesenswerten Romane eines Jack London – wird stimuliert. Man sieht die vollbärtigen Männer quasi vor sich, die vor mehr als hundert Jahren, in dünne Wolljacken gehüllt, ihre Lasten über den Pass schleppten.

Hoch oben im Norden Kanadas, nicht weit vom Klondike-Fluss entfernt, lagern drei Männer: der amerikanische Goldsucher George Washington Carmack und seine indianischen Partner Dawson Charlie und Skookum Jim. Jim hat Durst. Er steigt zum Rabbit Creek hinunter. Am Bachgrund entdeckt der Dakhl-awèdi-Indianer ein gelbes Metall. Die Kunde verbreitet sich blitzartig um den Globus: Am Klondike gibt es Gold zu finden. Das war der Beginn des größten Goldrausches aller Zeiten.

«Der teuflischste Pfad diesseits der Hölle»

So wurde der Pfad von Carmacks Zeitgenossin Martha Louise Black bezeichnet. Von Skagway am Pazifik flutete eine Menschenwelle über den Chilkoot-Trail ins gelobte Land bei Dawson City. Wenn man heute den Trek angeht, tut man sich schwer, die lebensgefährlichen Situationen der «Stampeders», der Goldsucher, zu erahnen. Die Anreise ist problemlos. Man zahlt seine Eintrittsgebühr für den Park und hat im Fall der Not realistische Chancen, von den Rangern Hilfe zu erhalten. Sich vorzustellen, wie das vor mehr als hundert Jahren war, fällt nicht leicht. Aber Wanderkilometer für Wanderkilometer ändert sich das: Es liegt zu viel am Rand des Pfades, was damals in großer Not aufgegeben werden musste.

Das Yukon-Territorium ist berühmt und wird als «Kanadas wahrer Norden» bezeichnet. Der Name kommt vom indianischen Yu-kun-ah, was «großer Fluss» bedeutet.

Der Rücken schmerzte. Die Steine am Ufer hinterließen Druckstellen auf den Kniescheiben. Immer wieder wurden die Pfannen voller Kies ins Wasser getaucht, und immer feinerer Sand musste zurück in den Fluss gekippt werden, bis am Schluss etwas vom begehrten Staub am Boden der Schüssel übrig blieb.

Um zum Yukon – dem berühmten Weiterweg nach Dawson – zu gelangen, gab es auch damals schon eine Alternative: den White Pass. Doch für den brauchte man Pferde. Und wer von denen, die, meist aus Europa kommend, ihre schmale Börse wieder und wieder umgedreht hatten, hatte schon Geld dafür? Deswegen wurde von der Masse der Chilkoot-Trail gewählt, der den Beinamen «Trail der armen Schlucker» bekam.

Touristen wandeln gerne auf den historischen Spuren des Goldrauschs (oben). Die Bergwelt Alaskas und Nordkanadas ist eine spektakuläre, fast unberührte Wildnis (rechte Seite).

Kanada hatte vorgeschrieben, dass jeder Schürfer Lebensmittel und Ausrüstung mit sich führen musste, um ein Jahr überleben zu können. «A ton of goods» (ca. 680 kg), lautete die nicht verhandelbare Parole. Pro Person! Das waren unter anderem 500 Pfund Mehl, 100 Pfund Zucker sowie Lebens- und Gebrauchsmittel wie zum Beispiel 500 Kerzen.

Man schulterte auf jedem Gang über den Pass etwa dreißig Kilo, und damit waren im «Hamsterlaufrad» etwa 23 Überquerungen notwendig. Ein «Digger» legte folglich für die 55 Kilometer unglaubliche zweieinhalb bis dreitausend Kilometer zurück. Weniger als die Hälfte der 100 000 Goldsucher erreichten den Klondike. Jack London beschreibt den Weg über den Chilkoot plastisch in seinem Buch «Alaska Kid».

Heute schultert man für den Mehrtagestrip den lächerlichen Zwanzig-Kilo-Rucksack und jammert vielleicht: «Ganz schön heavy!»

Hiking the Chilkoot Trail

Während des Klondike-Goldrauschs Ende des 19. Jahrhunderts mussten die Hasardeure, von der an der Inside Passage gelegenen Hafenstadt Skagway kommend, entweder den White Pass oder den Chilkoot Pass überqueren, um vom Lake Bennett aus auf dem Yukon River weiterreisen zu können. Der Chilkoot-Trail ist nicht nur ein Wanderweg, sondern auch ein kultureller Korridor. In der heutigen Geisterstadt Skagway begann ein einzigartiger Hindernislauf in den Norden: 925 schlimme Kilometer nach Dawson City. Gold wartete am Ziel. Der erste Teil beginnt im heute verwaisten Dorf Dyea und endet nach 53 Kilometern am Lake Bennett. Man sollte dafür etwa vier Tage einkalkulieren. Mit etwas Erfahrung ist der Trail auf der gesamten Strecke nicht zu verfehlen. Steinmarkierungen helfen. Bis zum Sheep Camp spurt man durch dichten, moosbedeckten Regenwald. Hinter diesem beginnt bei Kilometer 20,9 der Steilaufstieg zum Chilkoot Pass. «The Scales» bei Kilometer 25,7 ist ein Freiluftmuseum mit vielen «Exponaten» aus dem Jahr 1898. Der Pass (1067 m) in den Boundary Ranges der Coast Mountains an der Grenze zwischen Alaska und dem kanadischen British Columbia ist voller Überreste. Hier steht auch die Hütte der kanadischen Ranger, bei der man sich registrieren muss. Die Weitsicht auf die kanadische Seite ist spektakulär. Von Gletschern geschürfte Täler, Flussläufe und atemberaubende Ausblicke machen die landschaftliche Kulisse des Gold Rush National Historical Park aus. In Bennett endet der Trail bei Kilometer 53,1.

Links: «Stampeders» an den «Golden Stairs». Rechts: Bootsbau am Bennett-See, 1897/98.

Im Taiya River ist es für Bären ein leichtes Jagen. Hier fangen sie die zu ihren Laichplätzen ziehenden Lachse. Das Yukon ist die Heimat von 25 Prozent der kanadischen Grizzlybären-Population.

Die Zivilisation ist vergänglich

In der Küche gibt die Rangerin beim Start letzte Tipps: «Redet nicht mit dem Bären. Stellt euch tot, wenn er angreift.» Im Wasser des Taiya River tobt es. Tausende von Lachsen ziehen dem sicheren Tod entgegen, zurück zu ihren Geburtsplätzen, um dort zu laichen. Dort stand Canyon City, es gibt nur noch Ruinen. Weiter oben war das nächste Depot, das Sheep Camp, das über Nacht zu einem 8000-Seelen-Dorf anschwoll. Schon ab 1900 war der Ort entvölkert.

Der 45 Grad steile Hang zum Chilkoot Pass setzt fünf Kilometer weiter, bei «The Scales», an, wo die Ladungen noch einmal gewogen wurden. Dann reihte man sich ein in die endlose Menschenkette über die «Golden Stairs», die Goldenen Stufen, wo auf einer Länge von 800 Metern ein Höhenunterschied von 305 Metern zu überwinden ist. Heute steht hier eine Ranger-Station.

Es wird kälter, abgekühlte Luft weht von den Schnee- und Eisfeldern der angrenzenden Berge. Dafür wird es auf der kanadischen Seite deutlich trockener. Im «Indian Summer» ist es am schönsten, denn Taiga und Tundra entzünden ein Feuerwerk der Farben.

Von der einstigen Siedlung Lindemann City bis zum Lake Bennett ist es nicht mehr weit. Mit der Eröffnung der Yukon Railway über den benachbarten White Pass wurde der Trail über den Chilkoot nebensächlich.

Für die Goldsucher. Nicht für den Trekker.

2 Chilkoot-Trail im Yukon-Territorium, Alaska/Kanada

Anreise: Flug nach Whitehorse, Kanada. Weiter mit öffentlichen Verkehrsmitteln nach Skagway und nach Dyea. Für die Rückkehr: Von Bennett nach Skagway verkehrt täglich ein Zug.
Beste Reisezeit: Ende Juni (wegen der Lawinengefahr) bis Ende August.
Charakter: Wildnis- und Gebirgspfad mit spektakulären Aussichten. Historisches Interesse gehört zum Abenteuer.
Anforderungen: Anstrengende Gebirgswanderung mit gewichtigem Rucksack auf gut erkennbaren Pfaden – im Schnee manchmal von den Rangern markiert – für alpin erfahrene Trekker. Regenwald und alpines Gelände. Camping-Areas und die Ranger-Stationen sind keine Garantie für Sicherheit. Wegen der Grenzüberquerung ist ein Pass mit kanadischem und/oder US-Visum erforderlich. Kostenpflichtige Registrierung am Start in Dyea oder Skagway notwendig. Es wird nur eine begrenzte Anzahl von Trekkern pro Tag akzeptiert. Vorsicht vor den Bären.
Übernachtung: In Dyea, Bennett und auf der Tour ausreichend ausgewiesene Campgrounds, im ganzen neun. Nur dort ist Zelten erlaubt. Bärenstangen für die Lebensmittel in den Campgrounds.
Ausrüstung: Sehr gute Campingausrüstung, wetterfeste Kleidung, feste Bergschuhe, großer Rucksack mit Regenhülle, Gamaschen.
Informationen: www.pc.gc.ca/eng/lhn-nhs/yt/chilkoot/index.aspx.
Karten: National Geographic Trails Illustrated, 254 Chilkoot Trail/Klondike Gold Rush Trail Map, Maßstab 1:86 000 und 1:63 360. Bei verschiedenen Nationalpark-Informationsstellen, z. B. in Skagway und Dyea, erhält man auch die ausreichende Karte «Chilkoot Trail» mit Informationen kostenlos.

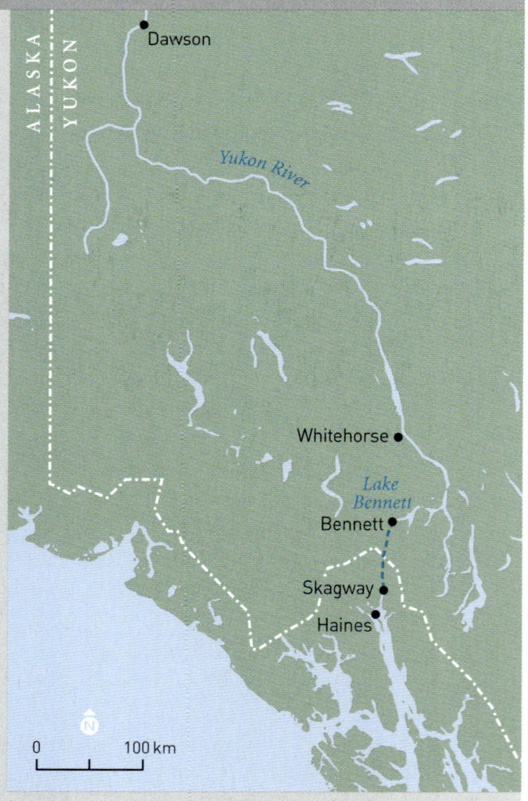

Der Trekker taucht ein in eine malerische Wildnis aus Flüssen, Bergen, Wäldern und Seen – garniert mit den immer noch lebendigen Legenden des Goldrausches.

Robinson Crusoe war Bergsteiger | 3

Die wilden Inseln des chilenischen Juan-Fernández-Archipels

Seit 1966 trägt die Insel Más a Tierra den Namen Isla Robinson Crusoe – vor allem dem Tourismus zuliebe. Bekannter ist sie dadurch kaum geworden, und die Informationen sind nach wie vor dürftig und widersprüchlich. Erschlossen ist die Buschwildnis aus kaum zugänglichem und zerfurchtem Bergland an nur wenigen Stellen. Der tüchtige Wanderer erlebt eine Robinsonade der besonderen Art: Fels-, Wasser- und Urwaldwildnisse vor den Küsten Chiles im Pazifik.

El Mirador del Selkirk

Hier also soll Alexander Selkirk gestanden haben, jener Seemann, den Daniel Defoe als Robinson zu einer der berühmtesten Figuren der Literatur gemacht hat. Eine Passhöhe mit begeisternder Rundumsicht. Aber anders als wir hatte der Schotte keinen Blick für den Zauber des artenreichen Urwalds und die spektakulären Gipfel. Die sirrenden Kolibris und die Pflanzenvielfalt des Regenwaldes bedeuteten ihm nichts. Selbst die Wellen und das tiefblaue Meer zu seinen Füßen waren für ihn keine Inspiration, sondern schlicht ein nicht zu überwindendes Hindernis, das ihm verunmöglichte, der verhassten Insel zu entkommen. Wenn «Robinson» mit geschultertem Gewehr und mit Ziegenfellen bekleidet hier oben stand, dann suchte er verzweifelt und sehnsüchtig den leeren Horizont ab.

Selkirk hatte sich 1704 während einer Kaperfahrt gegen die Spanier auf der winzigen Insel des Juan-Fernández-Archipels, westlich des südamerikanischen Kontinents, aussetzen lassen. Auf einer Insel, die damals auf kaum einer Karte verzeichnet war. Nach einem Streit mit dem Kapitän hatte er verlangt, von Bord gehen zu dürfen – ein verrückter Entschluss, der ihn zum Vorbild für eine der berühmtesten literarischen Gestalten aller Zeiten machen sollte. «Robinson Crusoe», erfunden von Daniel Defoe nach Selkirks Erzählungen, wurde das auflagenstärkste Buch der Menschheit – noch vor der Bibel! Der Seemann bereute seine Entscheidung schnell. «Ich habe es mir anders überlegt», soll er gerufen haben, kaum hatte er den festen Boden der einsamen Insel betreten. «Ich nicht!», antwortete kühl der Kapitän. Die Robinsonade, die in die Weltgeschichte einging, dauerte vier Jahre und vier Monate.

Heute erreicht man den Aussichtspunkt El Mirador del Selkirk bequem auf einem Weg durch die sonst undurchdringliche Macchia. Nur zwei Stunden sind es von San Juan Bautista, dem einzigen Ort der Insel. Der Aufstieg ist steil und anstrengend, bis man bei den beiden bronzenen Gedenktafeln steht. Chiles Regierung hat das Dorf zum Zentrum eines Nationalparks erklärt.

Die Wasser-, Fels- und Urwaldwildnis der pazifischen Isla Robinson Crusoe lässt eine Robinsonade der besonderen Art erwarten (linke Seite; oben). Die «Wege» verlangen einiges an Orientierungssinn (linke Seite; unten).

Weltberühmte Einsamkeit

Unsere Rucksäcke sind für mehrere Tage gepackt. Der Felsen mit der umfassenden Rundsicht ist mit 565 Metern vermessen. Kaum einer der einheimischen Langustenfischer verirrt sich hierherauf. Nur wenige Schiffe laufen die Insel an. Heute führt nur ein vernünftiger Weg zur Isla Robinson Crusoe – per Flugzeug. Siebenhundert Kilometer und dreieinhalb Flugstunden sind es von Santiagos verträumtem Stadtflughafen Los Cerillos. Als wir dort am Morgen mit der kleinen Turboprop abheben, sind acht Personen an Bord: vier Touristen, zwei Einheimische und zwei Piloten. Der Rest der Kabine ist mit Gepäck vollgestopft – auch mit unseren Rucksäcken.

Es heißt, die Cueva Robinson Crusoe sei für mehr als vier Jahre die Unterkunft des Seemanns Alexander Selkirk gewesen (oben). Auf dem Weg zur Robinson-Höhle mit Tiefblick auf die Bucht Puerto Inglés (rechte Seite; oben). Kinder in San Juan Bautista genießen den etwas anderen Spielplatz (rechte Seite; unten links). Die Insel ist berühmt für ihre XXL-Langusten (rechte Seite; unten rechts).

Selkirks Ausrüstung war gegen unser modernes Material bescheiden. Außer Kleidung und Bettzeug besaß er eine Flinte mit Pulver und Kugeln, Tabak, ein Beil, ein Messer, einen Kessel, die Bibel und seine nautischen Geräte. Wenig genug für das Überleben auf einem abgeschiedenen Eiland. Er hatte die vage Hoffnung, eines Tages von Piraten, welche die Insel als Unterschlupf nutzten, aus seiner Einsamkeit erlöst und an Bord genommen zu werden. Wir haben ein Rückflugticket in der Tasche und den unsicheren Flugplan im Kopf.

Der Flug über die Weite des Pazifiks vermittelt ein eindrucksvolles Gefühl für die Abgeschiedenheit der Insel – für drei Stunden nichts als blauer Himmel vor uns und dunkles Wasser unter uns. Auf der schmalen Landepiste – eher eine staubige Landstraße in Form einer überdimensionalen Sprungschanze, die unmittelbar aus dem Meer zu zwei erloschenen Vulkanen mit einem tiefen Einschnitt führt – landen die Piloten bravourös. Die Gegend gleicht einer Wüste, überragt wird sie von dem atemberaubend grünen und fast tausend Meter steil aufragenden El Yunque. Flankiert vom formschönen La Pirámide ist er der höchste Berg. Die einzige Siedlung liegt auf der anderen Inselseite.

Robinsons Höhle

Wir entdecken unser erstes Wanderziel, die Cueva Robinson Crusoe am Strand von Puerto Inglés. Vom Boot aus sieht die Höhle, in der Selkirk gelebt haben soll, geradezu einladend aus. Dass wir die Insel durchwandern und auf eigene Faust erkunden wollen, registriert der Ranger der CONAF (Corporación Nacional Forestal), der Verwaltung des Biosphärenreservats in San Juan Bautista, mit Skepsis. Die Tour sei schwierig, warnt er, der Pfad kaum begangen und gefährlich. Während man mit dem Schiff nur zwanzig Minuten brauche, müssten wir uns zu Fuß über den Berg auf eine stramme Tagestour gefasst machen.

Seit zwei Stunden steigen wir mit prallen Rucksäcken vom kleinen Ort auf, die bunten Häuser und die schaukelnden Boote unten im Blick. Wir kriechen unter baumgroßen Farnen hindurch. Picaflores, die bunten Kolibris, stürzen sich geschäftig aus dem stacheligen Gebüsch, schwirren über weiße und rote Blüten, schwingen sich in die Höhe und überfliegen schwerelos die Wipfel. Durch üppiges Grün blinkt silbern das windbewegte Meer.

Tourenvorschläge (siehe Karte S. 28)

Tour 1 Plazoleta del Yunque: Von San Juan Bautista (SJB) auf leichtem Weg 3 km nach SW in Richtung des kühnen Gipfels des El Yunque (915 m). Der Gipfel ist wahrscheinlich unbestiegen. Fantastische Flora. Hier lebte der deutsche Seemann Hugo Weber 12 Jahre in totaler Einsamkeit – ein «deutscher Robinson». Weber war eingebunden in das Spionagesystem von Canaris im Zweiten Weltkrieg. Auf gleichem Weg zurück. 3 Stunden.

Tour 2 Puerto Inglés, Robinson-Höhle: Von den letzten Häusern des Ortes nach Westen auf gutem, aber verwachsenem Steig bis auf die Grathöhe im Norden der Bucht. Sehr schöner Blick. Hier verliert sich der Weg. Pfadspuren im Auf und Ab folgen. Kühner Blick in die Bucht. Heikler, sehr steiler und brüchiger Abstieg auf Mulispuren zu den Quebrada Salsipuedes. 500 Höhenmeter Auf- und Abstieg. 4 bis 5 Stunden. Für sehr trittsichere Wanderer sehr lohnend. Biwak in der Robinson-Höhle oder in Zelten am nahen Bach empfohlen. Die Berge rundum sind leicht zu besteigen und sehr gute Aussichtskanzeln. Zurück nach SJB mit vorher bestelltem Boot in 20 Minuten.

Tour 3 Mirador del Selkirk: Von SJB auf breitem, später bequemem Weg durch Macchia nach Südwesten. Technisch leicht, steil, mühsam. In einer Scharte (565 m) der berühmte Aussichtspunkt, von dem aus «Robinson» fast täglich den Horizont nach Schiffen absuchte. Zurück auf gleichem Weg nach SJB.

Tour 4 Sector de Villagra: Mischung aus Urwald- und Wüstenwanderung. Empfohlen vor dem Rückflug. 5 bis 7 Stunden, besser mit Zeltbiwak bei der nicht bewirtschafteten CONAF-Hütte über der Bahía Villagra in Verbindung mit Tour 3 via Mirador del Selkirk. Dann auf gutem, steilem Steig hinab zur Hütte. Weiter auf der manchmal verschütteten Piste bis zum Airstrip am äußersten Südwesten der Insel. Unterwegs lohnender Abstecher über einen leichten, weglosen Rücken zur Steilwand Cerro Tres Puntas (482 m) empfohlen. Schönster Sandstrand der Insel unterhalb des Flughafens Playa El Arenal mit Seelöwenkolonie.

Tour 5 Puerto Francés: Von SJB nach Osten auf Piste zum El Centinela (362 m) mit einer alten Radiostation. Weiter in Auf und Ab bis zur Bucht Puerto Francés. In Strandnähe nicht bewirtschaftete Hütte der CONAF, Zelt empfohlen. 6 Stunden. Bootstransport für den Rückweg vorher ausmachen. Vom Biwak mehrere schöne, weglose Touren.

Wild und unerschlossen ist das Innere der Insel. Ein Biwak im Mondlicht gehört zu den Höhepunkten der Robinson-Insel.

Allmählich verkleinert sich das Dorf. Ein Wagen zieht unten eine Staubwolke hinter sich her. Er ist einer von einer Handvoll Autos für 650 Einwohner! Wir lassen auf dem Kamm die Rucksäcke in das schüttere, windzerzauste Gras fallen. Tief unten die Cumberland-Bucht mit zwei gelben Flecken im Wasser, die eine spannende Geschichte markieren. Im Ersten Weltkrieg hatte sich der deutsche Kreuzer SMS Dresden, verfolgt von englischen Schiffen, hierher geflüchtet. Der Kommandant befahl in aussichtsloser Lage die Sprengung, nachdem sich die Besatzung an Land gerettet hatte. Die Bojen markieren ein chilenisches Nationaldenkmal unter Wasser. Auf der anderen Seite schwindelerregend tief die Bucht Puerto Inglés. Atemberaubend ist der Blick über steil abfallende Klippen in die Bucht Robinsons.

Der Abstieg ist pfadlos und glatt wie ein Firnhang. Und diesen «Weg» ist Selkirk gämsengleich fast täglich gelaufen? Immer wieder war er zum Mirador hinaufgeklettert, um Ausschau nach einem Schiff zu halten.

Im Talgrund mit seinem murmelnden Bach wird uns der Traum von einer Übernachtung à la Robinson jäh genommen. Einheimische Jäger haben die Höhle okkupiert. Holzpfähle und eine Gedenktafel markieren den Eingang. Im Inneren schmückt ein Ziegenfell die Wand, dickläufige Schrotflinten lehnen an den Wänden. Wir schlagen unser kleines Zelt am nahen Bach auf und

3 Isla Robinson Crusoe, Juan-Fernández-Archipel, Chile

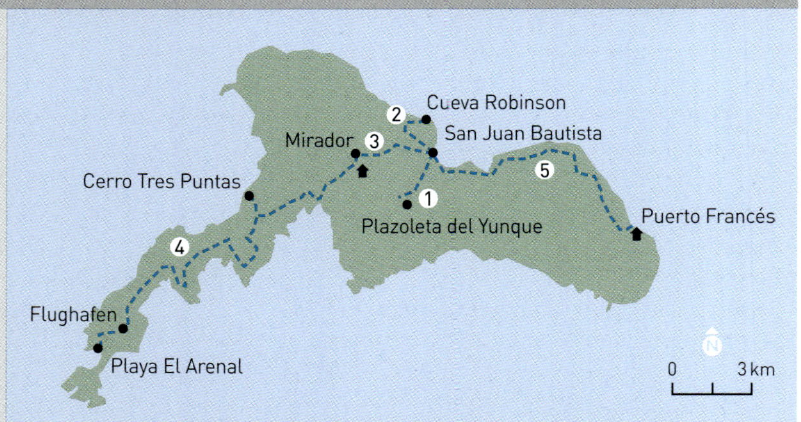

Anreise: Von Santiago de Chile fliegen zwei Linien die Isla Robinson Crusoe an. Das Gepäck ist auf 10 kg pro Person begrenzt. Die Maschinen landen im Südwesten der Insel. Von dort geht's im Boot oder per Jeep und dann per pedes zum Dorf SJB an der Nordküste, das im Februar 2010 stark von einem Tsunami zerstört wurde.

Beste Reisezeit: Von Oktober bis März (Sommer) ist es trocken und warm. Die kühle Hauptregenzeit ist April bis September (Winter). Jahresdurchschnittstemperatur 15 °C.

Charakter: Vor etwa drei Jahrzehnten verabschiedete die Unesco die Internationale Konvention für das Kultur- und Naturerbe der Menschheit, eine Art Schutzbrief für besonders schützenswerte Denkmäler der Erde. Die Liste umfasst 500 Landmarks, unter ihnen so bekannte wie das Taj Mahal oder Versailles, die Galapagos-Inseln und den Grand Canyon, aber auch den Parque Nacional Archipiélago de Juan Fernández. Einsame Wanderungen in wilder und ungewöhnlicher Umgebung und in vielen Formen: Urwald, Wüste, steile Berge, grandiose Klippen im donnernden Pazifik. Endemische Tier- und Pflanzenwelt. Zwei Klimazonen: der milde regenreichere Norden und der wüstenartige Süden.

Anforderungen: Die Länge und die technische Anforderung der Routen sind wählbar (siehe Tourenvorschläge). Wanderungen sind bei der CONAF in SJB anzumelden.

Übernachtungen: Campingplatz und einige Pensionen in SJB. Evtl. Übernachtung in den zwei CONAF-Hütten, Schlüssel bei den Rangern in SJB, sonst Zeltbiwaks.

Ausrüstung: Regenfeste Wanderausrüstung. Zelt, Schlafsack und Isomatte für Mehrtagestouren. Petroleumkocher und Brennstoff können in SJB gekauft werden. Einfache Lebensmittelgeschäfte mit allen Grundnahrungsmitteln im Ort.

Informationen: www.chile-web.de

Karten: CONAF-Übersichtskarte mit vielen Informationen (ausreichend für die Wanderungen): Robinson Crusoe Island Guide (JUAN FERNANDEZ ARCHIPELAGO NATIONAL PARK), erhältlich bei den Fluglinien, der CONAF und bei SERNATUR (Servicio Nacional de Turismo Chile). www.conaf.cl

beobachten fasziniert im Schein der untergehenden Sonne ein spielendes Robbenrudel. Ein praller Mond erhellt die Nacht.

Morgens taucht ein kleines Fischerboot in der wogenden See auf. Wir winken – «Taxi» nach Inselart. Es wird spannend, denn die Brandung verlangt vom Bootsführer Mut und Geschick, um uns an Bord zu holen.

Nach zwanzig schwankenden Minuten schultern wir unsere Rucksäcke im emsigen Hafen von San Juan Bautista. Fischerboote löschen köstliche Frachten: Langusten von uns bisher unbekannter Größe. Manche von ihnen messen beachtliche hundertzwanzig Zentimeter – von der Spitze der Fühler bis zum Beginn des Schwanzes gemessen. Mit exzellentem chilenischem Weißwein vom Festland ergibt das ein Sterne-Menu. Welch ein Kontrast zum gestrigen Biwak mit der dehydrierten Bergsteigerkost aus der Tüte.

Ein Robinson schlummert in jedem von uns

Die Berge der Insel sind ein Weltnaturerbe. Wild und unerschlossen ist das Innere. Der Eukalyptuswald riecht gesund. Die Aussichten sind spektakulär. Steil fallen Klippen ins Meer ab, haushohe Wellen brechen sich am Fels.

Anderntags nach einigen Stunden spannenden Wanderns. Im Gegenlicht zeichnen sich die Konturen einer einsamen Hütte der CONAF über der Bahía Villagra ab. Wir setzen das Zelt hinter einen windgeschützten Hang, schöpfen aus einem tröpfelnden Bach mooriges, aber sauberes Wasser und sammeln trockenes Holz für ein Feuer.

Höher klettert der Mond und meißelt den eindrucksvollen El Yunque in eine schwarze Pyramide. Sein Gipfel, obwohl nur knapp tausend Meter hoch, ist so steil, dass Flora und Fauna dort oben fast unerforscht sind.

Der Pfad zum Flughafen ist nicht zu verfehlen. Später schlängelt er sich als Piste durch die braunen Steilabbrüche der Südküste. Hier ist es trocken und heiß – wüstenartig. Die fast täglich anrollenden Regenwolken werden von den Gebirgen im Norden abgefangen. Die Brise vom Meer kühlt die brennende Haut, die tropische Sonne sticht fast senkrecht herunter. Ameisenbären flüchten über die steilen Hänge, wilde Karnickel vollführen wahre Bocksprünge, und irgendwo meckert eine endemische Wildziege.

In der Ferne ragen die grünen Steilhänge des El Yunque in den blauen Himmel. Dieses «Naturerbe der Menschheit» hat gute Chancen, ein Paradies zu bleiben. Selkirk hatte die Zeit auf der Insel nur durch übermenschliche Anstrengung überstanden, getrieben von der Hoffnung, gerettet zu werden. Wir hätten nichts dagegen, noch zu bleiben. Aber gleich wird die Maschine windgebeutelt auf der staubigen Piste landen, auftanken und wieder starten.

Mit uns. Kurs Festland.

Im Norden sattgrüne, unbestiegene Berge – im Süden eine wüstenhafte, karge, wilde Küste.

Feuer und Eis | 4

Der Villarrica-Nationalpark an der «Straße der Vulkane»

Sein eisgepanzerter Krater ragt auf 2847 Metern über der Stadt Pucón. Schon von Ferne sieht man seine weiße Rauchwolke. Im Eis brodelt grellrote Lava. Der perfekt geformte Vulkan Villarrica, knapp 800 Kilometer südlich von Chiles Hauptstadt Santiago, zählt zu den aktivsten der Welt. Doch man kann dieses glühende Monster bis zum qualmenden Krater mit moderaten Schwierigkeiten erklettern. Obwohl es ein wenig nach Tourismus riecht, ist die Besteigung auch für den weniger erfahrenen Bergsteiger ein machbares, großartiges Trekking-Abenteuer. An wenigen Plätzen der Erde kommt man so direkt mit «fire and ice» in Kontakt. Und im Park scheinen die nicht nur vulkanischen Trekking-Möglichkeiten schier unendlich zu sein.

Der Anstieg auf den perfekt geformten, eisbedeckten Vulkan Villarrica (oben) ist meist kein einsames Erlebnis (linke Seite). Doch die fantastischen Kontraste aus Feuer im Gletscher machen die Besteigung zu einer der eindrücklichsten Touren Südamerikas. Ungewohnt: Südlich des Äquators sind die Südflanken eisbedeckt.

Flüsse, Seen, Wälder und Berge gibt es im Übermaß. Zu Recht wird das nordpatagonische Seengebiet auch die «Schweiz Südamerikas» genannt. Wie Perlen an einer Schnur reihen sich tiefblaue Seen und vereiste, ebenmäßige Vulkane auf. Hier finden sich Wälder mit Araucarien, jenen Urbäumen, die an riesige Regenschirme erinnern und «Andentanne», «Schlangenbaum» oder «Schuppentanne» genannt werden. Die Region wurde nach diesen bis zu 1500 Jahre alten Baum-Methusalems benannt: Araucanía.

Aufstieg zur «Hexenküche»

Nördlich des Vulkans breitet sich am Ufer des Lago Villarrica die bunte kleine Stadt Pucón aus. Deutsche Einwanderer haben hier ihre Spuren hinterlassen – auch in den Bäckereien mit ihrem legendären Apfelkuchen.

Die Vorbereitung für die Besteigung des daueraktiven Vulkans beginnt für uns nachts in dem pittoresken Städtchen. Die glühende Lava tief unten im Schlot des dominierenden Kegels illuminiert den Dampf und zeichnet ein bizarres, surrealistisches Gemälde in den sonst kohlrabenschwarzen Himmel über der Stadt.

Für den Aufstieg zum Krater rechnet man etwa fünf Stunden, für den Abstieg drei. Ungewohnt für unser auf Individualität ausgelegtes Trekkerleben: Wir werden sicher nicht alleine sein, denn der Villarrica gehört zu den begehrtesten Bergzielen Chiles. Das ist nicht verwunderlich, denn die Kontraste könnten nicht größer sein. Die «Hexenküche» im Kraterbauch brodelt in einem dicken Gletscherüberwurf. Keiner, der in seinen wabernden Schlund blickt, bleibt davon unberührt. Der Gipfelkrater hat einen Durchmesser von gut einem Kilometer, und Aussichtsplätze gibt es genügend, um von dort in die magische Welt des Erdinneren zu schauen.

Von unten gesehen ist der Stratovulkan ein perfekter «Fujiyama», mit so ebenmäßigen, perfekten Formen, wie sie nur ein Vulkan haben kann. Ein Feuer speiender Berg zum Anfassen.

Die Zacken unserer Steigeisen krallen sich in den Idealfirn. Der Pickel dient mehr der Stütze und der Sicherheit als dem Vorwärtskommen. Eine ernsthafte Spaltengefahr gibt es auf dieser Route nicht. Konditionell bringt uns die Besteigung nicht an unsere Grenze.

Am Gipfel ist es «wie auf dem Mond, in dem ein glühendes Loch klafft», wie es jemand von uns formuliert. Wir haben einen Traumtag erwischt. Keine Wolke, kein Wind, klare Luft. Die Weitsicht auf die «Straße der Vulkane» in Patagoniens Norden und auf die fantastischen Kegel der Vulkantrabanten Quetrupillán, Lanín, El Mocho ist umwerfend. Die eisweißen Gipfel scheinen über grünen Urwäldern und tiefblauen Seen zu schweben, die Trekkings (siehe Kasten) im Park sind zu erahnen.

Der berittene Gaucho und sein Hund verrichten in der Pampa des Nationalparks ihre Arbeit (rechts).
Der ebenmäßige Fastviertausender Lanín an der «Straße der Vulkane» ist großglocknerhoch und nicht mehr aktiv. Sein Name entstammt der Sprache der Mapuche-Ureinwohner und bedeutet so viel wie «erstickt» (rechte Seite; oben).
Eispickel und Steigeisen sollten bei einem Trekking über die vergletscherte Flanke des Villarrica unbedingt eingesetzt werden. Der Tiefblick auf den gleichnamigen See mit seiner Sommeratmosphäre verstärkt den Kontrast (rechte Seite; unten links). Unwirklich ist am Gipfel der Blick in die kochende Lava des Kraters (rechte Seite; unten rechts).

Der Riese schläft nur

Ein Probealarm schrillt täglich um zwölf Uhr. Am Rathaus von Pucón zeigt eine Ampel das aktuelle Aktivitäts-Niveau an. Blinkt es rot, so ist Eile angesagt. Sirenen heulen dann permanent, und die Bevölkerung wird auf eine höher gelegene Halbinsel im See evakuiert.

Im Jahre 1558 gab es diesen lebenswichtigen Komfort noch nicht. Der erste aufgezeichnete Ausbruch fand in diesem Jahr statt. 1575 wurde die Stadt von einem schweren Erdbeben zerstört – 350 Einwohner starben. Weitere große Ausbrüche folgten 1640 und 1948. Im Dezember 1971 barst der Kraterbereich. Der Gipfel wurde vom enormen Druck aufgeschlitzt und spaltete sich mit Donnergrollen. Es war der stärkste Ausbruch der jüngeren Vergangenheit. Aus einer vier Kilometer langen Eruptionslücke spritzten zwei bis zu 400 Meter hohe Magmafontänen. Lavaströme brachten das Eis zum Kochen, und Lahars – Schlamm- und Schuttströme – rauschten mit Spitzengeschwindigkeiten von achtzig Stundenkilometern die Flanken hinab. Die Zerstörungen waren verheerend, ein Dutzend Menschen fanden den Tod. Seitdem gibt es Sirene und Ampel am Rathaus.

Trekking im Parque Nacional Villarrica

Der «Kleine Süden» Chiles ist ein Teil der Anden in der Araucanía-Region Chiles, nahe Pucón. Das Mittelstück ist eine Linie von drei Vulkanen: Villarrica, Quetrupillán und Lanín, geprägt von wilden Landschaften mit Wäldern, Vulkanen und Seen – und einer guten Erreichbarkeit.
Auf den abwechslungsreichen Touren trifft man auch wüstenhafte Einsamkeit, archaische Landschaften und dichte Urwälder. Und immer auf die direkten und indirekten Spuren des Vulkanismus. Dieser älteste Nationalpark Chiles ist in Zonen eingeteilt.
In der Zona Rucapillan raucht Südamerikas aktivster, stark vergletscherter Vulkan Villarrica. – Der Tagestrek «Challupen» bietet großartige Aussichten auf die Seen Villarrica und Calafquén. – Ebenfalls einen Tag braucht man für «A los Nevados» über 15 km mit den spektakulären Szenerien der Vulkane Quetrupillán und den Seen Caburga und Villarrica. – Der Wandertrek zum Fuß des Vulkans Quetrupillán ist eine stramme Tagestour durch Naturwald zu den Seen Azul und Blanca. In diesen stillen Bergseen spiegeln sich Araucarien, der Waldboden federt unter jedem Schritt.
Die Zona Puesco reicht bis zur argentinischen Grenze und erreicht mit dem Vulkan Lanín (3776 m) seine größte Höhe. Das ist immerhin Großglockner-Niveau! – Die Tageswanderung «Las Pocitas» führt von Puesco Alto bis zum Vulkan Quetrupillán, vorbei an den Seen Blanca und Azul. Faszinierend sind die Blicke auf die Vulkane Quetrupillán, Lanín und Colmillo de Diablo. – Das Tagestrekking «Momolluco» beginnt am Puesco Alto und führt am Fluss Momolluco vorbei bis zu den Ausläufern des Vulkanes Lanín.

Die Nationalparks im Seengebiet Chiles (oben) sind reich an spektakulären Naturattraktionen (rechte Seite).

Wir schauen mit wenig erhöhtem Adrenalinspiegel vom Gletscherrand in den großen Krater und rümpfen die Nase wegen des beißenden Schwefelgeruchs. Der Schnee ist an der Kante geschmolzen. Grellrot überglüht ein Magma-Auge im Inneren des Schlundes die Mittagssonne. Dichte Rauchschwaden steigen aus dem Kraterloch auf. Der weich gekochte Boden und das poröse Lavagestein dampfen.

Hustend drängen wir uns mit anderen Alpinisten am Kraterrand – nach einem Trekking dort, wo die Welt trotz einiger Mitbesteiger noch besonders wild ist.

4 Villarica-Nationalpark, Chile

Anreise: Flugverbindung – von Europa meist über Santiago de Chile – nach Temuco. Von dort ca. 120 km per Bus nach Pucón am Fuße des Villarrica, am Rande des Nationalparks. Oder von Santiago per Eisenbahn oder Bus direkt nach Pucón. Es gibt auch einen kleinen Flughafen in Pucón, Service von Santiago nur im Sommer.
Beste Reisezeit: Ganzjährig möglich, aber von März bis August Hauptregenzeit, in höheren Lagen fällt dann Schnee. Für eine Villarrica-Besteigung sind Dezember bis Februar empfohlen, für Trekkings in tieferen Lagen November bis April.
Charakter: Gletschertour mit sensationellen vulkanischen Phänomenen – eine seltene Kombination auf der Südhalbkugel. Vom Gipfel fantastischer Blick auf die zahlreichen Vulkane, Seen und ausgedehnten Wälder des Parks.
Anforderungen: Für trittsichere Geher mit Steigeisen und Pickel leicht. Kaum Spaltengefahr. Agenturen in Pucón bieten geführte Besteigungen an, Ausrüstung inklusive. Der Aufstieg dauert etwa fünf Stunden für die 1400 Höhenmeter, mit Abstieg über den Anstiegsweg zwischen sieben und neun Stunden. Ein nicht immer intakter Sessellift kann die Aufstiegszeit verkürzen. Der Gipfelgang ohne Bergführer ist nicht mehr erlaubt. Die Ausrüstung wird am Parkeingang von den Rangern kontrolliert. Das muss man als erprobter Trekker zähneknirschend akzeptieren, wenn man dieses Naturwunder erleben will. Die Nationalparkverwaltung duldet eine Besteigung nur bei geringer vulkanischer Aktivität.
Übernachtung: In Pucón Übernachtungsmöglichkeiten vom First-Class-Hotel bis zur «Berghütte».
Ausrüstung: Komplette Hochtourenausrüstung mit steigeisenfesten Schuhen, Steigeisen, Pickel, Helm usw. kann in Pucón in diversen Sportgeschäften ausgeliehen werden.
Informationen: Buch: «Patagonien und Feuerland» von Ralf Gantzhorn, ISBN 978-3-7633-7035-1. www.fremdenverkehrsbuero-chile.com/rutavolcanes.html. Im Fremdenverkehrsamt in Pucón oder bei den Büros der CONAF-Parkverwaltung erhält man Material für die Treks in den Nationalparks (siehe Kasten).
Karten: Wanderkarte Chile: Pucón – Pucon – Volcán Villarrica; Cordillera von Villarrica im Norden bis Lago Rango im Süden. Auf der Rückseite sind Detailkarten 1:60 000 der Nationalparks Villarrica, Huerquehue und Volcán Lanín.

Traumfjord Seno Última Esperanza

Kajak-Herausforderung in Patagoniens wildestem Süden

5

Patagonien ist ein Land, das selbst gegen den ständigen Wind noch nach Abenteuer riecht. Zivilisation ist hier ein Ausnahmezustand. Das «Land der Großfüßler» erhielt seinen Namen vom Seefahrer Magellan. Es gibt die unterschiedlichsten Definitionen für die Ausdehnung dieses sagenhaften Landstrichs. Am einfachsten kann man es als das «chilenisch-argentinische Gebiet südlich des 40. Breitengrades» bezeichnen. Als «Insel der Verdammten» gilt der zerrissene Archipel im äußersten Süden des Kontinents von jeher – und als Grenzfall für menschliche Belastbarkeit.

Viele geografische Namen der Region Magallanes klingen ungemütlich, wie etwa die «nutzlose Bucht» Bahía Inútil, der «Hungerhafen» Puerto del Hambre oder der «Hindernis-Fjord» Fiordo Obstrucción. Auch der Seno Última Esperanza, der «Fjord der letzten Hoffnung», reiht sich in diese Namensliste ein. An seinem Ende wohnt nur noch der Wind. Am besten startet man dort zu einem Kajak-Trekking der Extraklasse.

Für den Touristen klingt der Name «Puerto Natales» romantisch – Geburtshafen, heimatlicher Hafen. Die Lage der kleinen Stadt am Ufer des Fjords ist malerisch. Doch die frühen Seefahrer waren verloren in diesen verwirrenden, unbekannten Gewässern. Für die damaligen Entdecker war das heutige Städtchen so etwas wie der letzte sichere Hafen vor der gefährlichen Fahrt um das windgepeitschte Kap Hoorn. Fiordo (oder Seno) Última Esperanza, das sind 65 Kilometer urweltliche, maritime, alpine Landschaft. Der Name wurde dem Fjord vom Seefahrer Juan Fernández Ladrillero 1557 verliehen, der versuchte, die Durchfahrt der schon 1520 entdeckten Magellanstraße wieder zu finden – und hier stecken blieb.

Nur ein Erholungstrip nach der Magellanstraße?

Wir hatten uns dort «warm gepaddelt». Erst eine Woche ist es her, dass mein expeditionserprobter Freund Gerhard und ich der berüchtigten Meeresstraße zwischen Pazifik und Atlantik die erste Kajak-Befahrung abgerungen hatten. Es wurde eine Paddelfahrt an der Grenze, die nervigste aller meiner Expeditionen in den sturmgepeitschten Gewässern zwischen Patagonien und Feuerland. Damals brachte uns Capitán Conrado Álvarez mit seinem Schiff «Explorador» an den Ausgangspunkt.

Auch heute tuckern wir mit Conrado in den Última-Esperanza-Fjord. Und es passiert das Wetterwunder: Sonne flutet die bleiernen Wolken. Ein Sieg des subantarktischen Lichts, reich an Dramatik, das die Spitzen der Berge am unteren Ende des patagonischen Inlandeises badet. Man kann eine solche Schiffstour in den Fjord auch in Puerto Natales buchen. Während einer etwa zehnstündigen Kreuzfahrt tourt man durch den Fjord bis zu den kalbenden Gletschern Balmaceda und Serrano des Parque Nacional Bernardo O'Higgins. Dorthin wollen wir, um im Faltboot zurückzupaddeln.

Die Gletscher des Hielo Patagónico Sur, des südlichen patagonischen Inlandeises, kalben von ihren Zweitausendern Eisstücke in den engen Fjord – Westalpenatmosphäre auf Meeresniveau. Am Fjordende – es ging nicht weiter, die «Última Esperanza» hatte sich nicht erfüllt – setzt uns der Kapitän mit unserer gewichtigen Ausrüstung in der Wildnis ab. Wir bauen die Faltboote auf und genießen eine patagonische Nacht der Extraklasse. Auf den grandiosen Balmaceda-Gipfeln blinkt der Eisanraum im prallen Mondlicht, unser Lagerfeuer verbreitet ein fast kitschiges Flair in der Urlandschaft, und das Zelt steht wohlgeschützt im

Paine heißt in der Sprache der Mapuche-Indianer «himmelblau», die patagonischen Torres del Paine sind also «Türme des blauen Himmels». Der Nationalpark gehört zur chilenischen Provinz Última Esperanza (linke Seite). Die Westalpen im Kajak: Das patagonische Inlandeis verliert sich in der Fjord- und Felswildnis des Última-Esperanza-Fjords und des Balmaceda-Gletschers (oben).

Seelöwen, Lobos, halten auf Uferfelsen eine Siesta.

Regenwald. Wir sind misstrauisch wegen des unglaublichen Wetters, denn normalerweise hat man hier ein feucht-fröhliches, stürmisches Naturvergnügen.

Lobería

Anderntags paddeln wir flott durch die hochalpine Szenerie.

Gleichgültig glotzen Seelöwen, Lobos del Mar, von den Felsen herab. Sie putzen die Flossen, wälzen sich entspannt auf dem Kelb, den bis zu hundert Meter langen Tangtentakeln, und rülpsen ihr Wohlbefinden in die klare subantarktische Luft. Dicht an dicht liegen die gewichtigen Fleischbrocken auf den Felsen herum, die der menschliche Kletterer dem zweiten Schwierigkeitsgrad zuordnen würde.

Es ist Paarungszeit. Lüstern drängen sich die Weibchen um einen zotteligen Auserwählten. Doch der mächtige Bulle hat keine Zeit, Liebe zu machen. Er lässt sich, durch uns gestresst, ins Wasser gleiten und verfolgt die Kajaks. Für das tonnenschwere Tier wäre es leicht, unsere Boote zum Kentern zu bringen. Aber bald merkt er, dass wir mit seinen Weibchen nichts im Sinne haben und uns beeilen, an der Lobería vorbeizukommen.

Stunden später rasten wir am weißen Traumstrand, der Bahía Inútil. Es ist ein gefährliches Oval, denn bei den sonst üblichen Kreuzwinden kann man hier nicht mehr herauspaddeln.

Nach dreißig Kilometern und acht Stunden flattert unser Zelt im leichten Wind bei dem Weiler Ea, der von einer Handvoll Menschen bewohnt wird. Diese züchten hier im grimmigen Klima dickwollige Schafe.

Es ist auch ein argloses Tierparadies. Unweit hatten wir zerzauste Magellan-Pinguine am Seno Otway besucht. Die tadellosen Frackträger stehen hier ganzjährig herum. Im Februar sind sie in der Mauser und schauen ein wenig lächerlich aus. Die Estancia San Lorenzo im Norden der Halbinsel zählt zu den bevorzugten Plätzen, um ihnen nahezukommen.

Kormorankolonien, stiebende Wasserfälle und grasende Flamingos erpaddeln wir uns am dritten Tag – mit einem faulen Etmal von nur achtzehn Kilometern. Die Traumstimmungen setzen sich fort: Das ist Patagonien von seiner Schokoladenseite.

Diese Nacht war wieder trocken. Ja, tatsächlich trocken. Nach unseren Erfahrungen mit fast permanenten Regen- und Sturmnächten können wir das kaum glauben.

Ein kitschiger Vollmond beleuchtet um Mitternacht unser Zeltlager. Rosarote Flamingos brabbeln aufgeregt in diesem nächtlichen Vogelparadies, und ein Gaucho treibt zu so später Stunde noch Rinder in einen Pferch. Bei diesem Wetter und dieser Taghelle gibt es keinen Feierabend. Selbst seinem Pferd scheint es Spaß zu machen.

Morgen Mittag sind wir in Puerto Natales. Es war eines der schönsten Kajak-Trekkings unseres Lebens.

Die Umrundung des Paine-Massivs

Pastellgrünes Schmelzwasser, dramatische Bergkulissen und treibende Eisblöcke dominieren die Seen unter den Zitadellen dieser Berge. An Zutaten für spektakuläre Wanderungen fehlt es nicht. Und als Draufgabe gibt's Herden von Guanacos, die sich im feuchteren Klima des Torres-del-Paine-Nationalparks nahe Puerto Natales besonders wohlfühlen. Dazu Nandus, Magellangänse, Flamingos und die

Hybridpaddeln

Der Rio Serrano beim Parque Nacional Torres del Paine fließt im Anblick der Superstars Patagoniens, der Paine-Türme, aus dem Lago del Toro nach Süden ab. Der wildwassertechnisch nicht schwere Strom hat eine Umtragestelle bei den tosenden Stromschnellen des Salto Serrano. Nach zwei bis drei Kanutagen auf dem flotten Fluss erreicht man die Mündung im Seno Última Esperanza nahe einem blauen Strom aus Eis beim Balmaceda-Gletscher im Bernardo-O'Higgins-Nationalpark. Man kann nun die raue Schönheit der patagonischen Fjordlandschaft genießen, monumentale Naturattraktionen bestaunen und vorbei an Kormoranen, Seelöwen-Kolonien und unter kreisenden Kondoren weiter nach Puerto Natales paddeln. Der Start an einem malerischen Gebirgssee, der Wildfluss und dann der großartige Meer-Fjord formen eine einmalige, etwa einwöchige Kajak-Herausforderung in spektakulärer Urnatur. Paddeln am rauen Ende der Welt. Es sei behauptet: Dieses Trekking ist eines der Kanu-Highlights auf der Erde!

Das Balmaceda-Massiv mit seiner Gletscherwelt beherrscht während zweier Tage die Szenerie.

Eine Rinderfarm an einem Seitenarm des Seno (oben). Der südlichste Zipfel Patagoniens ist wild, vielfältig – und abseits der touristischen Pfade menschenleer (rechte Seite).

übrige Paine-Urnatur. Kenner zählen den wildromantischen Naturpark zu den schönsten Flecken des amerikanischen Doppelkontinents: ein Trekking-Bonbon. Das Gebiet um die sensationellen Türme wird von einem Netz mit 250 Kilometer angelegten Pfaden durchzogen. Daraus formt sich auch eine anspruchsvolle, etwa einwöchige Wanderrundtour um das spektakuläre Dreigestirn, ein Trekking durch ein weltenfernes Naturreservat. An den Wegen sind «Rifugios» errichtet, primitive Schutzhütten, die jedoch nicht immer vor dem allgegenwärtigen Regen und Wind schützen. Unerlässlich ist deshalb beste Campingausrüstung mit einem wettererprobten Zelt.

Das Trekking startet bei der Parkverwaltung am Lago Pehoé und fordert den bergsteigerisch erfahrenen Wanderer. Der Trail kann sehr anstrengend sein, der längste Tagesmarsch geht über 30 Kilometer. Die Belohnung auf dem herausfordernden Trek mit schwerem Rucksack sind atemberaubende Ausblicke auf vergletscherte Gipfel und blumenreiche Täler. Die «Cuernos», die Hörner des Paine-Massivs, sind allgegenwärtige Begleiter. Der Wanderer trifft auf viel Wild, vor allem auf arglose, überhaupt nicht scheue Guanakos. Kondore kreisen zwischen den Gipfeln, Hasen und Füchse verbergen sich im Unterholz, und in den malerischen Seen stolzieren Flamingos.

5 Última-Esperanza-Fjord und Paine-Nationalpark, Patagonien, Chile

Anreise: Von Deutschland nach Santiago de Chile oder Buenos Aires. Von dort entweder per Mietauto, Bus oder Inlandflug weiter nach Süden. Transport der Faltboote oder Kajaks bei den Fluglinien als «Sportgerät» preiswert möglich.
Beste Reisezeit: Oktober bis April. Der Herbst im März/April ist am schönsten, für eine Kajaktour sind Januar/Februar am sichersten.
Charakter: Der südlichste Zipfel Südamerikas ist einsam und wild. Trekker finden dort eine Spielwiese für alle Trekking-Arten der Spitzenklasse. Ein Höhepunkt ist eine Kanutour im Fjordgewirr des chilenischen Magallanes-Archipels, das von paradiesisch-sanft bis zum brüllenden Inferno alle Spielarten bietet. Die Regentschaft hat das unberechenbare Wetter. Mit Charterboot (oder auch einem der Touristenschiffe) lässt man sich von Puerto Natales an das Fjordende des Seno Última Esperanza bringen und paddelt dann den etwa 65 Kilometer langen Fjord etwa drei Tage wieder hinaus. Es ist zu empfehlen, sich nach dem ersten Drittel an der Nordseite des Fjords zu halten.
Anforderungen: Patagonien ist bekannt für seine unstete Witterung und die stürmischen Winde. Selbst im Sommer kann es kalt sein, und mit Regen muss jederzeit gerechnet werden. An einem einzigen Tag im südlichen Patagonien können sich 20 °C und Sonnenschein mit Schneefall und 100 Stundenkilometer schnellen Sturmböen abwechseln.
Übernachtung: In Puerta Natales Hotels jeder Ausprägung. Jugendherberge, Campingplatz. Während der Trekkings Zeltcamping.
Ausrüstung: Beste Outdoor-Ausrüstung für extremes Wetter. Campingausrüstung mit Zelten der besten Art. Für Paddeltouren muss man eine vollständige Kajakausrüstung mitbringen (Trockenanzüge und Faltboote empfehlenswert). Wegen

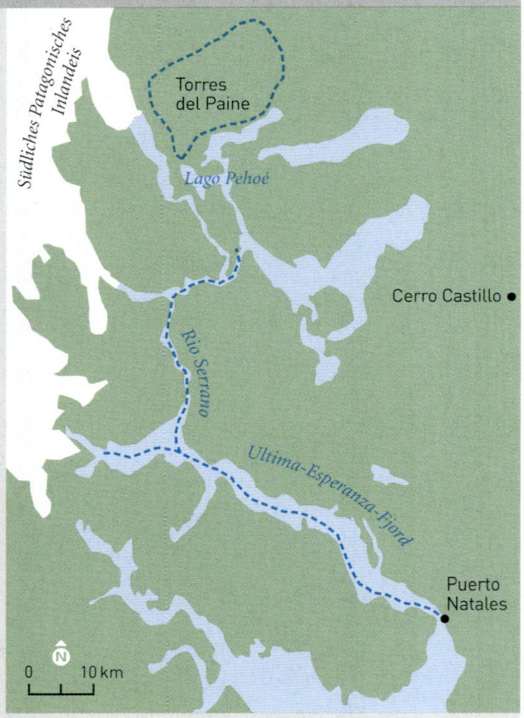

der Windanfälligkeit auf keinen Fall Kanadier.
Informationen: Chile: «Torres del Paine Circuito», ISBN 978-3-8939-2381-6, Führer zum Torres-del-Paine-Nationalpark mit vielen Reise-Infos. Hervorragender Bildband: «Patagonien und Feuerland», ISBN 978-3-7633-7035-1. Es gibt keine Kajakliteratur über den Fjord.
Karten: 44 El Mapa del Fin del Mundo, Patagonia y Tierra del Fuego, Carta Stradale Mapa Rodoviario, 1:1 000 000 (mit Trekking-Informationen). Kostenlose Wanderkarten bei den Büros der CONAF-Parkverwaltung.

Antarktische Halbinsel und South Shetland Islands

Die Erkundung des Unbekannten

6

Keine Reise zum «letzten Kontinent» ist wie die andere, und konkrete Trekking-Empfehlungen zu geben, gleicht einem Glücksspiel. Alles hängt vom unberechenbaren Wetter und von den angelaufenen Zielen – meist Stationen verschiedener Nationalitäten – ab. Und damit von den Schiffen, mit denen man unterwegs ist, und deren Reiseroute. Eines der spektakulärsten Trekkingziele in dieser paradiesischen Region ist die unwirkliche Insel Deception. Die Chance, dort hinzukommen, ist wegen der Attraktivität des Zieles gut. Die hier beschriebene Tour ist ein besonderes Beispiel eines Antarktis-Trekkings und wird Appetit machen auf viel mehr!

Der letzte Kontinent

Antarktis. Verbinden sich damit nicht fürchterliche Blizzards, zerpresste Schiffe, steif gefrorene Polarforscher, frostige Bärte und unvorstellbare Entbehrungen? Mehr als 10 000 Kilometer sind es von Mitteleuropa bis zum gigantischen Kontinent der Superlative. Er gilt als letztes Paradies der Erde. Eine Land- und Inselmasse mit den Ausmaßen von zweimal Australien, «bewohnt» von vielleicht drei-, viertausend Menschen, die Politik und Forschung meist nur im Sommer hierher entsenden. Und als einziger Kontinent hat er keine menschliche Population.

Die Antarktis ist extrem: Der Erdteil ist der kälteste, trockenste, menschenleerste, unzugänglichste und unerforschteste des Planeten.

Die Antarktische Halbinsel, ein kleiner Finger im Verhältnis zur großen Hand des Kontinents, hat eine Länge von 1500 Kilometern und damit eine größere Ausdehnung als die Alpen. Sie besteht fast nur aus Bergen. Die zwei Prozent des Kontinents, die gletscherfrei sind, liegen auf der Halbinsel und den vorgelagerten Inseln, die auch das mildeste Klima aufweisen.

«Expedition» Drake-Passage

Das Abenteuer beginnt für uns im Januar in Punta Arenas. Hinter Kap Hoorn wächst die Dünung auf Achtmeterwellen an und bringt unser chilenisches Marineschiff zum Stampfen. Wir kreuzen durch das wildeste aller Meere. Die «Rostlaube» ATF Lautaro pendelt zwischen Kap Hoorn und dem kältesten Kontinent, um die chilenischen Stationen zu versorgen. Seit der «Allianz im Frost», dem antarktischen Vertrag, erhöhte Chile seine Präsenz deutlich. 1961 trat der Vertrag in Kraft, und die Gebiete südlich des 60. Breitengrades wurden zur nichtmilitärischen Zone erklärt. Die große Bordkanone der Lautaro ist unter einer Plane verschwunden.

Trekken in der wilden Welt der Antarktis entlockt uns lange nicht mehr verwendete Adjektive: menschenleer, fantastisch schön, ernst und rau (linke Seite). Die schwarze Vulkanasche auf Deception Island lässt bei einem Biwak die Farben der modernen Trekkingausrüstung besonders leuchten (oben).

Diplomatisch geschickt hat der Antarktisvertrag alle Gebietsansprüche eingefroren. Unklar ist, ob der Kontinent als «terra communis» allen oder als «terra nullis» keinem gehört.

Wieder einmal stürmt es, als ob die See einen hysterischen Anfall bekäme. Taucht das Schiff in ein Wellental, hat man kurzzeitig das Gefühl der Schwerelosigkeit, bis auch der eigene Körper den Gesetzen der Schwerkraft folgt.

Auf der Brücke herrscht gedämpfte Spannung. Computer hüsteln Papierfahnen hervor, zwei Radarschirme zeigen beunruhigende Punkte. Völlig unpathetisch und inzwischen zur Normalität geworden, ziehen Eisberge back- und steuerbords vorbei.

Erlebnissplitter 1: Von den Stationen in die Berge

Dann glühen die roten Baracken der Pratt Base auf. 1400 Kilometer ist die Antarktische Halbinsel lang, eine «Banane» voller Berge und trotzdem nur ein Fliegendreck auf der Weltkarte. Wir ziehen die Steigeisen an und beginnen unsere «Holidays on Ice». Der Gletscher ist sommerlich hart, glasig. Die

Im Uferbereich der Whalers Bay auf Deception Island sprudeln heiße Quellen. Gletschereis und vulkanisches Kochwasser vermischen sich und halten die Bay eisfrei (rechte Seite; oben). Pittoreskes Antarktis-Trekking vorbei an einem Walgerippe: Die von Europa so fernen South Shetland Islands waren noch bis in die Mitte des 20. Jahrhunderts ein Zentrum des Walfangs (rechte Seite; unten).

steilen Rinnen zwischen den Gipfeln schauen nicht sehr einladend aus. Die schwarzen Punkte am Fuße und die dunklen Staubspuren sprechen eine deutliche Sprache: Hier besteht Steinschlaggefahr.

Ein Skua, ein Raubmöwenmännchen, fliegt Attacken, als wir zum Einstieg des López Nunatak auf Greenwich Island durchs Geröll stolpern. Keinen Meter über unseren Köpfen dreht er ab, fliegt eine Runde und greift im Sturzflug wieder an. Wir sind seinem Nest zu nahe gekommen.

Die aufgelassenen Hütten in der Bucht Port Lockroy, die als Notunterkünfte erhalten sind, wären ein idealer Stützpunkt für eine schlagkräftige Expedition. Das hier ist der schönste Teil der Antarktis. Der in Sichtweite zu ahnende Lemaire-Kanal hat nicht zu Unrecht den Spitznamen «Kodak Gap». Eine unerkundete, traumhafte Bergwelt.

Die Paradise Bay ist wirklich paradiesisch. Gigantische Gletscherströme kalben ins Meer, und zwei Stationen – eine chilenische, González Videla, und eine argentinische, Almirante Brown – ducken sich unter die Gletscherfronten.

Erlebnissplitter 2: Zwei Paddel gegen das Eismeer

Wir drängeln uns durch ein Meer aus «Porzellanscheiben», die Gletscherfront hat gekalbt. Es war wie Lawinendonner. Der Eisschrank der Erde zeigt seine Zähne. Unser Kanu gleitet lautlos durch das von Eisbergen und Schären geschützte küstennahe Meer.

Vier Tonnen kann eine Elefantenrobbe wiegen, und das Männchen bringt es auf sechs Meter Länge. Das ist mehr, als unser Kanu an Ausmaßen hat. Wir haben großen Respekt, als ein Bulle wutschnaubend unseren Kanadier als Nebenbuhler ansieht. Die Paddel fliegen, wir werden recht schnell.

Empört flüchten zwei Pelzrobben und ein Dutzend Pinguine, als wir unser Kanu auf den Kiesstrand ziehen. Fette Weddellrobben nehmen keine Notiz von uns und dösen auf einem Schneefeld.

Erst ist es nur ein fernes Singen, dann ein Geräusch wie ein nahender Schnellzug, der sich mit einem Paukenwirbel ankündigt, und dann kommt der Hammerschlag. Die Böe verwandelt innerhalb Minuten den strahlenden Abend in ein Inferno. Das Meer beginnt zu kochen, Eisberge drehen sich unter der Wucht auf die Seite. Wir haben Glück. Unser Kanu liegt schon fest verzurrt an Deck der Lautaro. Weniger Fortune hat die Mannschaft eines Schlauchboots. Das schwere Raft wird von den Naturgewalten einfach umgeworfen, die Schrauben der zwei 150-PS-Motoren drehen leer in der Luft. Die Mannschaft schafft es noch, in ihren dicken Survival-Overalls an Land zu kommen.

Die Umrundung von Deception Island: Feuer im Eis

Die schmale Einfahrt des Atolls heißt Neptune's Bellows, eine Schiffspassage wie sonst kaum in der Welt. Der Durchmesser des Meereskraters, Port Foster genannt, beträgt etwa vierzehn Kilometer, die Umrundung mehr als dreißig.

Es ist ein trüber Morgen, als ein Zodiac meinen Freund Klaus und mich am dampfenden Strand der Whalers Bay aussetzt. Die rostigen Tanks, Blechtonnen und verfallenen Häuser der ehemaligen Walfangstation sind inzwischen ein Kulturdenkmal nach dem Antarktisvertrag. Wir schultern unsere schweren Rucksäcke, um das «Hufeisen» in zwei Tagen zu umrunden.

Für die Antarktis ungewöhnlich ist die geringe Vergletscherung des ringförmigen Eilands. Wir wollen den einfachsten «Weg» trekken und halten uns immer am Strand. Bald stoßen wir jedoch auf einen schwarz-weißen Gletscher, der den Weiter-

Wichtige Regeln für Antarktis-Trekker

Ein Kontinent der Superlative, ein lockendes Nichts, eine insulare Bastion der Eiszeit, ein Tierparadies, «das Gott wählen würde, wenn er jemals Urlaub machte». Gehören Menschen hierher? Ja, denn auch der Mensch ist Teil der Natur. Umweltschutzorganisationen wie Greenpeace wollen einen «Weltpark», der nur für wenige – Privilegierte? – zugänglich ist. Diese Aktionen sind wertvoll, die Wahrheit liegt irgendwo in der Mitte. Mit Verantwortungsbewusstsein muss es dem Homo sapiens möglich sein, sich an einer der letzten Urnaturen zu erfreuen. Mit strengen, fairen Regeln können Schäden vermieden und die einmalige Natur vertretbar zugänglich gemacht werden. Das ist für den sensiblen Trekker sowieso eine Selbstverständlichkeit – nicht nur auf diesem Erdteil! Damit das Paradies Antarktis erhalten bleibt:

Vermeide es, Flechten und Moosbänke zu betreten. Die Vegetation ist sehr empfindlich und wächst sehr langsam.
Sammle keine Pflanzen, Flechten und Moose.
Die eindrucksvollsten Souvenirs sind Fotos und Erinnerungen.
Fossilien und seltene Gesteine sollten dort bleiben, wo sie sind. Sie sind unersetzbar.
Störe keine Brutkolonien, beobachte sie aus der Distanz.
Störe keine schlafenden Robben und fasse keine Jungtiere an.
Halte dich von Gebieten fern, die als wissenschaftliche Areale gekennzeichnet sind. Respektiere die Aufgaben der Forscher.
Nimm allen Abfall wieder mit zurück.
Gehe mit gutem Beispiel voran und motiviere deine Begleiter, sich dafür einzusetzen, dass der weiße Kontinent auch für spätere Generationen eine Wildnis bleibt.

Lachen Zügelpinguine immer (oben)? Die Tierwelt der Antarktis ist arglos und vom Trekker zu respektieren. Das fantastische Fotolicht tiefer Breiten «bringt die Kamera zum Glühen».

weg versperrt. Von Asche bedeckt, wälzt sich die unüberwindbare Barriere ins Meer. Uns ist unwohl unter den umsturzbereiten Firnwänden. Wir erklettern eine schuttbedeckte Eisrinne. Eine Spaltenwelt erwartet uns, die immer unheimlicher, zerrissener und schwärzer wird. Zickzack, vor, zurück, links, rechts ... durch ein schuttbedecktes Spaltenchaos. Wo kommen wir durch? Wir haben kein Seil dabei. Immer wieder stoßen wir auf «Kraterlöcher» im Bimsstaub – darunter muss eine Spalte sein. Nach drei Stunden für vielleicht drei Kilometer Luftlinie «wie auf dem Mond» setzen wir den Fuß wieder auf den Strand. Eine zerfallene bunte Hütte steht mitten in der schwarzen Wüste. Fauchende Dampfwolken echoen in der Bucht Pendulum Cove in den Ruinen einer verschütteten Station. Wir sind unterwegs im Nirgendwo.

Die Füße laufen, die Seele fliegt. Am Ende eines langen Trekkingtages ergibt unser gelbes Zelt einen höllischen Kontrast im Schwarz der Lava bei der Telefon Bay. Es hat einige Grade plus, Deception ist die wärmste Gegend der Antarktis. Obwohl es im Zelt nicht viel wärmer ist als in einem Kühlschrank, ist unsere Stimmung alles andere als eisig. Einem Dutzend Leopardenrobben neben uns sind wir gleichgültig. Ebenso den Skuas, die unweit nisten. Große Albatrosse segeln im harmlosen Wind. Eine Zügelpinguingruppe grinst von einem Ohr zum anderen.

Am zweiten Tourentag stehen wir auf der anderen Seite der 400 Meter breiten Unterbrechung des «O» am Neptune's Bellows, «Neptuns Blasebalg». Drüben ankert unser Schiff. Der Freund, seit Jahrzehnten erprobter Trekker, spricht von der «schönsten Tour seines Lebens».

Noch ist der «letzte» Kontinent ein Paradies, dies soll der eisige Süden auch weiterhin bleiben. Wir Trekker kommen, um eine der letzten Wildnisse zu erleben. Diese faszinierende Wüste kann nur bestehen, wenn wir sie sensibel besuchen.

6 Deception Island, South Shetland Islands, Antarktis

Anreise: Punta Arenas in Patagonien/Chile, Flüge von Europa via Santiago de Chile. Oder via Buenos Aires nach Ushuaia, Argentinien. Die beiden Häfen sind die wichtigsten «gateways» zur Antarktischen Halbinsel.
Beste Reisezeit: November (Frühsommer) für Skitouren. Dezember bis Januar (Hochsommer), tiefergelegene Gletscher sind dann aper. Vom Wetter her die sichersten Monate sind Februar bis März (Spätsommer), gut für Kanutouren oder Wanderungen. Temperaturen an der Küste in den Sommermonaten Dezember bis Februar über dem Gefrierpunkt.
Anforderungen: Je nach Trekkingform unterschiedlich. Von der eisfreien Küstenwanderung über alpine Hochtouren bis hin zur Kanu-Expedition gibt es alle Spielarten. Blitzschnelle Wetterwechsel, Windstärken von 0 auf 100 innerhalb weniger Minuten möglich. Für die beschriebene Umrundung von Deception Island ist der erfahrene Hochalpinist gefragt. Die Umrundung im Port Foster ist eine der sichersten Kanumöglichkeiten im Bereich der Antarktischen Halbinsel, obwohl auch hier die Elemente toben können.
Charakter: Alle Trekking-Spielarten. Die beschriebene Umrundung von Deception Island ist eine alpine «Hochtour». Eine Kanutour im inneren Ring – wenn das Wetter stimmt, ideal.
Übernachtung: Das «Base Camp» wird meistens ein Schiff sein. Auf den Touren nur Zeltbiwaks. Keine Hütten auf den Treks.
Ausrüstung: Je nach Spielart und Ziel. Für die beschriebene Umrundung von Deception Island braucht man eine Hochtourenausrüstung: Steigeisen, Pickel, Seil und Klettergurt, steigeisenfeste Alpinstiefel, bestes Zelt, Campingausrüstung.
Für Kanutouren bieten sich Seekajaks oder Faltboote an.
Informationen: Sehr gut: «Antarktis» von Christian Walther, ISBN: 3-89392-280-6. – Es gibt keine Möglichkeit, mit Flugzeugen die Antarktis auf «normalen» Wegen zu bereisen. Veranstalter von Antarktis-Kreuzfahrten mit Trekking-Schwerpunkt (Wandern, Kajak, Schneeschuhtouren, Skitouren) ist Oceanwide Expeditions, www.oceanwide-expeditions.com. – Chilenische Militärversorgungsschiffe nehmen gegen vergleichsweise geringe Gebühr Touristen mit: Third Naval Zone Headquarters, Correo Naval, Punta Arenas, Chile (beim Hafen). Einfache Übernachtungen in Mannschaftslagern auf den Schiffen. Nachteil: Man braucht etwa einen Monat Zeit und ist von den Zielen, die die Schiffe anlaufen (meist chilenische Stationen auf und vor der Halbinsel), abhängig. Aber so billig kommt man nicht mehr in die Antarktis.
Karten: Antarctic – Peninsula – Antartica 1:1 500 000, sehr informative Übersichtskarte mit Detailkarten der New Shetland Islands, zahlreiche Illustrationen der Tierwelt, spanisch/englisch.

Der Gletscherbruch des Mount Pont auf Deception Island ist an der Küste ein unüberwindbares Hindernis. Er muss weiträumig umklettert werden (oben). Wir paddeln durch einen Hindernisparcours aus «Growlern», wie kleine Eisberge genannt werden (links).

Baffin Island: Wer kennt das schon?

Treks im «Land, das niemals schmilzt»

7

Die fünftgrößte Insel der Erde ist fast unbewohnt und besitzt eine der unberührtesten und großartigsten Landschaften und Wildnisse unseres Planeten. Ihre Trekking- und Bergsteigerzentren sind erstaunlich leicht zu erreichen. Immer findet man unberührte, unverdorbene Natur, grandiose Berge, Urtümlichkeit und Eskimo-Kultur mit einer ganz besonderen Prägung. Zwei Mega-Treks: Hartgesottene trekken mit schweren Rucksäcken im Auyuittuq Park. Sanft und eindrucksvoll, ein arktisches Paradies: der Itijjagiaq-Trail im Katanillik-Park durch das Soper River Valley, eine weltenferne, aber technisch leichte Wanderung.

Der Auyuittuq-Park gehört zu den spektakulärsten Wildnissen der Erde. Berge, Tundra, Gletscher, Flüsse und Seen formen eine beeindruckende Urnatur. Das Tal wird von gewaltigen Bergen begrenzt (linke Seite). «Eskimo» nannten europäische Walfänger die Ureinwohner der Arktis. Das bedeutet «Rohfleischesser». «Inuit», Menschen, nennen sie sich selbst (oben).

Nunavut – Zauberwort der kanadischen Inuit

Vorab ein Appell: Wandern in der Arktis bedeutet auch, keine Pflanzen niederzutreten. Ein moosüberwucherter Stein braucht etwa hundert Jahre zur Regeneration, wenn dessen Überwurf weggetreten wird. Der gut gemeinte berühmte Spruch «Nicht mehr Spuren als die eigenen hinterlassen» ist bei der empfindlichen Flora der arktischen Regionen zu relativieren. Gehen Sie noch sensibler mit den empfindlichen Ökosystemen um, als Sie es sowieso tun würden.

Nur 31 000 Inuit leben in Kanada, davon ungefähr die Hälfte im Territorium Nunavut («Unser Land»), das mehr als 2,2 Millionen Quadratkilometer umfasst. Man kann den neu gegründeten Staat als Inuitstaat in Kanada bezeichnen. Vor allem den Tieren, welche die Basis für ein Leben nach traditioneller Art sind, und der Natur wird Beachtung geschenkt. Denn etwa 80 Prozent der Inuit jagen, fischen oder sind Fallensteller und mit der Wildnis und den Bergen verbunden.

Der Itijjagiaq-Trail im Naturparadies des Soper River Valley

Die Insel beherbergt auf der Meta-Incognita-Halbinsel ein Gebiet, das zu den klimatisch begünstigtsten der Arktis gehört, einen Nationalpark von anheimelnder Milde und einer überwältigenden arktischen Flora und Fauna.

Acht Monate im Jahr liegt der Katanillik-Park im Süden der Insel unter Schnee und Eis begraben. Für den Trekker ist der «Weg» durch den Park, der mit einem ungewöhnlich milden Mikroklima gesegnet und für arktische Verhältnisse mit landschaftlichen Schönheiten überhäuft ist, eine völlig neue Erfahrung. Dieses besonders schützenswerte Gebiet ist die Heimat von Füchsen, Wölfen, Vögeln, Lemmingen und Karibus. Der Itijjagiaq-Trail über die Meta-Incognita-Halbinsel ist ein

Tour 1 Itijjagiaq-Trail (siehe Karte S. 54)

Um am einfachsten zum Start zu gelangen, chartert man in Iqaluit ein Flugzeug (preiswert) und landet nach kurzem Flug auf einer Sandbank am Fuße des Mount Joy. Die Route folgt dem Flusslauf. Probleme können, je nach Wasserstand, bei Bach- und Flussüberquerungen auftreten. Dann sind längere Umwege in das Gebirge notwendig. «Katanillik» bedeutet in Inuktitut «Platz der Wasserfälle». Die Limestone River Falls kündigen sich donnernd an. Nach sechs bis sieben Tagen erreicht man die brausenden Soper-Stromschnellen, der Fluss ergießt sich spektakulär in den Soper Lake. Stramme Wanderung über Bergrücken nach Lake Harbour. Eine genaue Tages- und Routenbeschreibung macht hier keinen Sinn. Gesamtzeit vom Mount Joy bis Lake Harbour mit Besteigung einiger Gipfel etwa neun Tage – es geht auch kürzer.

Die gesamte Wegstrecke des Auyuittuq-Trails ist eisfrei, obwohl Gletscher bis zum Talboden fließen und sich beim Akshayuk-Pass im Summit Lake spiegeln (links). Wo lässt es sich für einen Trekker schöner rasten als vor der Kulisse des nur 2175 m hohen Mount Asgaard? Seine eineinhalb Kilometer hohen Granitwände gehören zu den gewaltigsten Wandabbrüchen der Erde, seine Form ist eine der spektakulärsten (oben). Die Rescue Shelter am Windy Lake – nomen est omen! – ist gut gesichert (linke Seite; unten). Am Pangnirtung-Fjord stehen noch renovierte Gebäude aus der Zeit des Walfangs (unten).

alter Transport- und Jagdweg der Inuit. Itijjagiaq bedeutet auf Inuktitut, der Sprache der Inuit, «Weg über das Land». Man folgt jedoch keinem Weg, eher einer Richtung, die durch die Karte, den Kompass und den Fluss vorgegeben ist. Tundra wechselt mit steinigen Bergen. Die Höhenunterschiede sind gering. Trotzdem kann der sommerliche Marsch durch Sümpfe, über Heide und durch Flüsse anstrengend sein. Es sind keine besonderen alpinistischen Voraussetzungen nötig. Die Zivilisationsferne erfordert jedoch eine entsprechende Einstellung. Empfehlenswert ist der interessanteste Teil des Trails ab dem Mount Joy. Bootsbegleitung auf dem Soper River kann organisiert werden, was das Marschgepäck drastisch reduziert.

Der Auyuittuq-Nationalpark im «Land, das niemals schmilzt»

Auf der Cumberland-Halbinsel stehen die nach dem Karakorum höchsten Granitwände dieser Erde in einem rauen Gebirge, das mit dem Inlandeis der Penny-Eiskappe grönländische Verhältnisse aufweist. Die Vergletscherung beginnt bereits auf etwa 500 Metern. Der Mount Thor bietet die größte zusammenhängende Granitwand der Erde – satte ein-

7 Itijjagiaq-Trail und Auyuittuq-Park, Baffin Island, Kanada

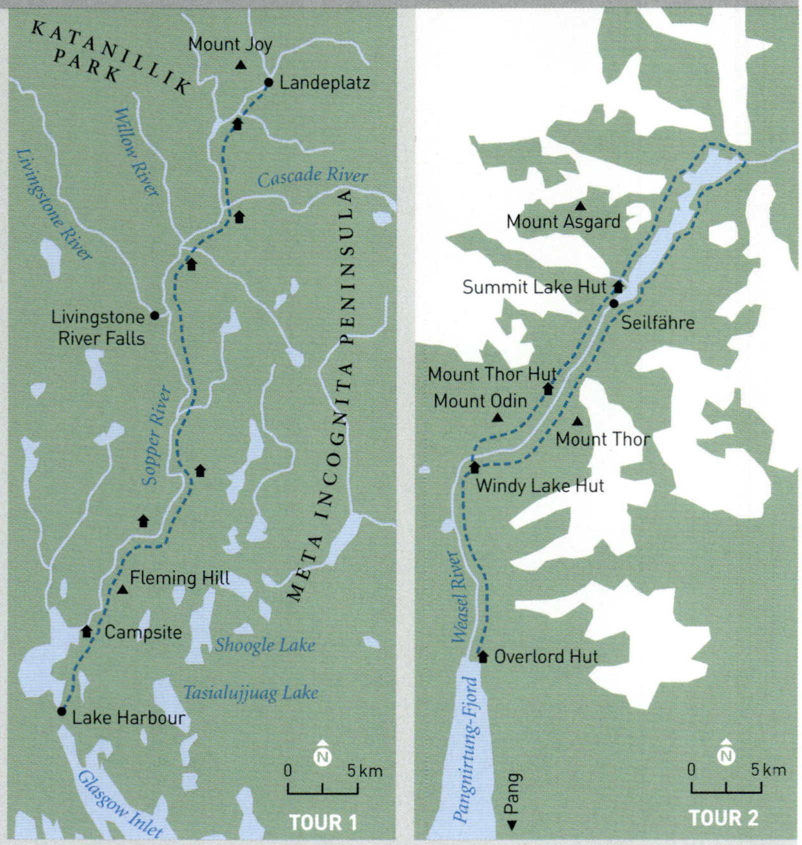

Anreise: Flug von Mitteleuropa via Montreal/Ottawa fast täglich nach Iqaluit, der Drehscheibe für alle Aktivitäten auf Baffin Island und in Nunavut. Von dort Flugverbindungen nach Pangnirtung und Lake Harbour.
Beste Reisezeit: Der Sommer von Mitte Juni bis Mitte September ist am besten geeignet, Auyuittuq wegen des Schmelzwassers nicht vor Ende Juli. Das Klima entspricht etwa dem der Alpen in der Zweitausendmeter-Region. Es kann regnerisch sein, aber es gibt auch wochenlange Schönwetterperioden. Im Sommer wird es erstaunlich warm. Im Juli/August pendeln sich die Temperaturen zwischen 4 und 11 °C ein. Mit dem Wetter, das von «hervorragend» bis «miserabel» alle Spielarten bietet, ist nicht zu spaßen. Hypothermie und Wind-Chill-Faktor sind zu beachten.
Charakter: Zwei außergewöhnliche Wander-Treks durch UNESCO-Weltnaturerbe-Gebiete.
Anforderungen: Erfahrung mit Wetterkunde, Kartenlesen und der Bussole (große Missweisung).
Die Temperaturen liegen über dem Gefrierpunkt, in der sommerlichen Arktis schlägt man sich eher mit Regen und Wind herum. Etwas für ausdauernde Trekker mit vollem Rucksack, die in unwegsamem Gelände 6 bis 8 Stunden täglich trittsicher unterwegs sein wollen.
Übernachtung: In jedem der Dörfer und in Iqaluit gibt es Hotels. Campen ist überall erlaubt. Zeltbiwaks in der Nähe der Biwakhütten (Emergency Shelters) empfohlen, die man nach jeder Tagesetappe erreichen kann. Das Übernachten in den «Huts» ist nicht erlaubt, Kochen wird toleriert. In den Hütten sind Funkgeräte für den Notkontakt.
Ausrüstung: Spitzenzelte und Kunststoff-Schlafsäcke. Die Kleidung muss weniger Kältegraden als nasskühlem Wetter mit Wind angepasst sein. Trekking-Gummistiefel wegen der Bach- und Flussdurchquerungen im Frühsommer empfohlen.
Informationen: Der unentbehrliche englische Führer «Itijjagiaq Trail/Katanillik Park» (in Iqaluit kaufen) enthält ein detailliertes Kartenwerk. «The Baffin Notebook», ISBN 1-55036-287-9, englisch. Jede Begehung muss bei der Parkverwaltung in Lake Harbour, Pang oder Iqaluit angemeldet werden. www.nunavuttourism.com/explore
Karten: Katanillik Park: 1:250 000: Armshow River 25 N; Lake Harbour 25 K. Auyuittuq: 1:100 000: auyuittuq national park von Parks Canada.

einhalb Kilometer hoch und drei Kilometer breit. Die sensationellen Berge sind bei Kletterern weltberühmt und gehören zu den eindrucksvollsten Formationen des Erdballs, die selbst Patagoniens kühne Berge zur Normalität werden lassen. Der Pangnirtung-Pass, auf Inuktitut Akshayuk genannt, ist ein Trekkingziel par excellence. Das enge Tal wird von gewaltigen Bergformationen begrenzt: Mount Thor, Mount Asgaard, Mount Loki, Mount Sigurd – die Namen sind als Reminiszenz an die Wikingerzeit der nordischen Mythologie entlehnt.

Der Trek beginnt auf Meeresniveau und erreicht auf der Passhöhe nur 500 Meter. Der Polarkreis durchschneidet den Akshayuk-Pass. Die gesamte Wegstrecke ist eisfrei, obwohl mächtige Gletscher bis zum Talboden reichen. Schwierige Flussüberquerungen sind an der Tagesordnung. Nach ergiebigen Niederschlägen oder zu Beginn der Schneeschmelze Ende Juni/Anfang Juli kann die Überquerung völlig unmöglich werden.

Der Katanillik-Park auf der Meta-Incognita-Halbinsel wurde von der UNESCO unter Schutz gestellt. 1992 gegründet, ist er ein noch kaum bekanntes Trekkingziel. Mildes Klima, eine reiche Flora und eine vielfältige Fauna formen ein arktisches Mikro-Universum.

Tour 2 Routenvorschlag Auyuittuq (siehe Karte S. 54)

Von Pang nach Pang in den spektakulärsten Teil des Gebirges empfohlen. Der Weg ist durch das Tal vorgezeichnet. Im Detail folgt man den Inuksuit (Steinmänner).
1. Tag: Charterboot von Pang nach Overlord und weiter zur Windy Lake Hut (14 Kilometer, 4 Stunden).
2. Tag: Dem Haupttrail folgend über eine Brücke an das orografisch rechte Ufer des Weasel River und 10 Kilometer, 3 Stunden, zur Hütte unter dem Mount Thor. Dieser gewaltige Berg beherrscht drei Tage die Szenerie. Weiter in 3 Stunden (12 Kilometer) zur Summit Lake Hut. Hier ist im Sommer eine bewartete Station der Parkverwaltung. Keine Einkaufsmöglichkeit.
3. Tag: Die Zelte bleiben stehen. Mit leichter Ausrüstung (aber mit Biwaksack!) am Nordufer des Summit Lake bis zum Ostende des Glacier Lake und auf der Südseite beider Seen zurück. Die Summit-Lake-Hütte wird wieder über eine tiefe Schlucht mit einem Sessel-Drahtseillift erreicht. Etwa 8 Stunden, 25 Kilometer.
4. Tag: Seilfähre zurück auf die südliche Seite des Weasel River und etwa 18 Kilometer zurück zur Hütte am Windy Lake.
5. Tag: Im südlichen Teil des Weasel River zurück nach Overlord. Den Bootsrücktransport sollte man schon beim Start organisieren. Man verlässt eine auf der Welt einmalige Landschaft.

«Vielleicht muss man pathetisch werden, wenn man vom Nordpol erzählt. Vielleicht lässt sich diese Landschaft in knappen Sätzen und mit präzisen Begriffen nicht beschreiben. Vielleicht verlangt gerade die Abwesenheit alles Ablenkenden nach immer neuen und immer noch mehr Adjektiven: silbrig, gleißend, lichtverschleiert. Unbegrenzt, endlos, weltenweit. Frostig, eisig, totenstarr. Verlassen, einsam, leer.»

Freddy Langer, Expeditionsteilnehmer

Wind und Kälte potenzieren sich zum gefürchteten Arktisphänomen «Chill»: 30 km/h Wind und Temperaturen von minus 30 °C z. B. ergeben subjektiv empfundene 50 Minusgrade (linke Seite). Spitzbergens Siedlungen erwachen nach monatelanger Dunkelheit im April aus dem Winterschlaf (oben).

Eiskalt erwischt

Wir sind den zehnten Tag auf schwankendem Boden unterwegs. Keine Spur weist die Richtung. Seit Stunden spuren wir durch die zu Eis erstarrten Wogen der Polarsee und zerren die Schlitten über zerrissenes Packeis.

Ausgerechnet jetzt, nahe dem Ziel, kommt Sturm auf. Den fürchten wir. 30 Grad minus und 30 Stundenkilometer Wind potenzieren sich zu etwa 50 Minusgraden. Das sagt der Wind-Chill-Faktor, das Zusammenspiel von Wind und Kälte, ein in den Polarregionen gefürchtetes Phänomen. Die Wasserrinnen verfluchen wir. Durch Eistürme hacken wir mit einem Bauarbeiterpickel eine ruppige Rinne. Über große Klötze hieven wir die Pulkas. Es ist ein «Labyrinth des gefrorenen Irrsinns», wie Freddy Langer sagt. Werden wir den greifbar nahen magischen Punkt auf dem trügerischen Eis erreichen?

Gestern haben wir in acht Skitourenstunden nur knappe drei Kilometer Luftlinie in Richtung Pol geschafft. Geschätzte 18 Kilometer sind wir in dieser Zeit durch Raueis und Pulverschnee gespurt. Und während des Biwaks verloren wir durch die Drift wieder zweieinhalb Kilometer. Fast eine Nullrunde. Diese Tretmühle ist es, vor der man in der Nordpolregion am meisten Respekt hat.

Eine Polexpedition aus eigener Kraft ist ein fantastisch schönes, aber auch ein enervierendes Unterfangen. Am 30. April wird uns der Hubschrauber zurück zur Eisstation Borneo bringen. Den russischen Piloten ist es völlig egal, wie weit wir dann vom wirklichen «Dach der Welt» entfernt sind. Bis dahin touren wir in totaler Autonomie und ziehen unsere 50-Kilo-Schlitten in Richtung Endpunkt.

Horizontaler Alpinismus. Für Bergsteiger ist es ein verwegener Gedanke, auf Treibeis zu spuren und nicht auf einem Gletscher. Wir stehen mit beiden Beinen fest auf dem Boden – der ist nur 300 Zentimeter dünn und will unbedingt mit uns nach Südwesten. Die Eisdecke schwimmt auf vier Kilometer tiefem Meerwasser, darunter befindet sich der feste Grund des Polarbeckens. Dort unten steckt seit Kurzem eine Metallfahne der Russen, man will territoriale Ansprüche geltend machen. Bodenschätze werden vermutet. Eifrig bemühten sich daraufhin Kanada und Dänemark, auch ihre Interessen darzulegen.

Uns ist das Staatengerangel egal. Das Terrain wird ebener. Das GPS lügt nicht: Wir haben in der letzten Stunde tatsächlich eine Bogenminute geschafft. Das ist eine nautische Meile, also 1852 Meter.

Nichts für Warmduscher

«Borneo», da denkt man an Wärme. Doch so nennt sich unpassenderweise die nördlichste menschliche Ansiedlung auf diesem Planeten. Die winzige Station auf dem Eis ist halbpermanent von März bis Mai besetzt und treibt ein bis zwei Breitengrade, 110 bis 220 Kilometer, vom Pol entfernt. Unsere Idee: Vom letzten Zivilisations-

Das etwas andere Fliegen, um auf das Treibeis zu gelangen. Flugpläne gibt es nicht, der Pilot entscheidet ad hoc. Das Wetter ist der alles entscheidende Faktor (oben). Seit Tagen verwöhnt uns stabiles Hochdruckwetter, ein in der hohen Arktis im April bekanntes und angenehmes Phänomen (rechte Seite; oben). Wann wird das Eis grollend reißen? Ohne zu rasten, schieben Wind und Strömung die Schollen. «Leads», Wasserrinnen, entstehen (rechte Seite; unten).

punkt wollen wir mit Skiern und aus eigener Kraft zum magischen Punkt, um den sich alles dreht.

Der Nordpol ist der Schnittpunkt aller Zeitzonen und zählt nur einen Tag im Jahr: ein halbes Jahr Nacht, sechs Monate Tag. Der Pol, am «höchsten», am «obersten» Teil des Globus, war und ist eisiger Mythos allen Entdeckertums. Dort befindet sich der von Menschen erfundene Punkt, an dem alle Längengrade zusammenlaufen und von dem aus es nur nach Süden geht. «Höher», nördlicher, geht es nicht. Das Treibeis der Polkappe ist einer der letzten sprichwörtlich weißen Flecken, die der Globus noch zu bieten hat: Bergsteigers Traum? Oder sein Trauma?

Als Tigieha, «Großer Nagel», bezeichnen die Inuit den Pol. Um ihn dreht sich die Welt. Kein Eskimo versucht, diese sinnlose Gegend zu besuchen. Hier gibt es nichts zu jagen. Werden wir auf dem realen «Dach der Welt» tatsächlich die Erdachse quietschen hören?

Was treibt Menschen in Regionen, in denen einem buchstäblich der Hintern abfriert, wenn man sich beim Stuhlgang nicht beeilt? Wir wischen den Schnee vom Gesicht und setzen die Sturmmasken auf.

Keep warm, eat much and go ahead

Dies hatte mir Simionie, ein Eskimo, einmal geraten. Wir schleppen unsere Zugeinheiten in Richtung «magic point». Wo Schollen aufbrechen, öffnen sich Wasserläufe, in denen sich Robben tummeln. Wo Seehunde leben, ist der König der Arktis, der Eisbär, nicht weit. Das größte Landraubtier der Erde ist neugierig, sieht schlecht und wittert hervorragend. Die manchmal tonnenschwere, perfekte Tötungsmaschine hat keinen natürlichen Feind – nur der Mensch kann sie in Schach halten. Unsere Pumpgun mit dem furchtbaren Zwölf-Millimeter-Kaliber ist keine Waffe für gezielte Weitschüsse. Wir wollten ja auch nicht jagen, wir haben nur den Ehrgeiz, nicht gefressen zu werden. Die plattnasigen Weichbleigeschosse sind Stopper, wenn der Bär zu nahe kommt und er sich durch Rufen, Schreien und Leuchtraketen nicht abschrecken lässt ...

Wir lieben die «Fünf-Minuten-Terrine für Abenteurer», gefriergetrocknete Fertigmenus, die mit heißem Wasser schnell ein schmackhaftes Essen ergeben. Jägertopf zum Frühstück ist der Hit. Dazu Pemmikan, das absonderliche Gemisch der Eskimos aus zerriebenem Trockenfleisch, mit Kräutern, Gewürzen und Gemüse, Talg und Fett. Eingerührt in heiße Suppe ist die Cholesterinbombe hoch geschätzt. Alle haben wir in der Kälte einen ungeheuren Fetthunger, Butter beiße ich vom Stück ab. Zweimal am Tag gibt es eine Ration Aspirin, die das Blut dünnflüssig hält und die Erfrierungsgefahr verringert. Durst haben wir immer.

Nichts hilft gegen den Wasserdampf, der beim Kochen am Zeltdach kristallisiert und nächtens vom Wind als Eisregen auf den Schlafsack rieselt. Alles wird feucht – vom Kochen, vom Schwitzen, vom Atmen, vom Dunst der Leads, der offenen Wasserläufe im Eis. Die Weithalsflasche aus Plastik mit dem gefrorenen Urin wird morgens an einem Eisblock ausgeklopft. Nahrungsaufnahme und Stoffwechsel liegen eng beieinander.

Eines Morgens krieche ich aus dem Zelt – und starre in einen bleifarbenen Wasserlauf. Im Gegensatz zu dem Seehund, der mich mit blanken Augen neugierig mustert, bin ich überhaupt nicht ruhig. Lautlos hat sich die Scholle, keine zwanzig Meter vom Zelt entfernt, gespalten. Heftig rotieren die Gedanken in meinem Kopf: Was, wenn das Eis unter dem Zelt geborsten wäre? Eine Horrorvorstellung, todmüde im Schlafsack zu liegen – und plötzlich zu schwimmen.

In totaler Autonomie spurt man in Richtung des magischen Punktes. Das Gelände ist rauer als eine Buckelpiste olympischen Formats (oben). Eine unheimliche kinetische Energie wird frei, wenn Eisschollen aufeinanderstoßen und sich Presseis aufpilzt. Man hat das Gefühl, am Ende der Welt zu sein, weiter weg als der Mond von der Erde (rechte Seite; oben). Gelenkt von den sich stetig neu bildenden Leads spurt man im Zickzackkurs durch die Welt des Treibeises. Es gibt keinen vorgezeichneten «Weg» (rechte Seite; unten).

Vorangehende Doppelseite: Eine Skitour auf treibenden Eisschollen ist die Eroberung des Unnützen in Perfektion.

Zeitreise

Je zwei bilden eine Gruppe und haben ihre Überlebenseinheiten in den Schlitten dabei. Alle sind wir – oft seit Jahrzehnten – aktive Bergsteiger. Gerhard stand auf dem höchsten Berg der Erde, dem Mount Everest. Andere haben Sechs- und Siebentausender erklettert. Jeder hatte durch viele Jahre Bergsteigen Erfahrungen mit den Grenzen der eigenen Psyche und Physis gemacht. Einige haben sich in die Form ihres Lebens gepusht. Nur eine starke Gruppe bringt Erfolg am Pol.

Wir überschreiten für einige Meter den 180. Längengrad, die Datumsgrenze, und sind plötzlich «morgen». Die Distanz zwischen den Meridianen beträgt gerade mal 500 Meter. Jules Verne hatte genau beobachtet: Wenn wir weiter nach Osten gingen, würden wir, wie weiland Phileas Fogg, einen Tag gewinnen.

Mit dem Wasserdampf kommt das gespenstische Whiteout, das mehr ist als nur Nebel. Ein dreidimensionales Phänomen, man hat keine Anhaltspunkte, sieht keinen Boden, keinen Himmel. Es gibt weder links noch rechts, weder vorne noch hinten. Besonders irritierend: auch nicht oben und unten. Wir spuren wie durch einen Wattebausch.

Der Schlitten zerrt am Hüftgurt, und die Felle rutschen im staubfeinen Pulverschnee. Hoch, runter, drüber, weiter ... Es gibt keinen Sonnenaufgang, auch keinen -untergang. Das Gestirn ist immer da, wenn auch oft nicht erkennbar. Wenn die Sonne besonders aktiv ist, wirbeln Magnetstürme und bringen den Kompass zum Spinnen. Unsere aktuelle Missweisung ist mit 100 Grad Ost berechnet worden. Irritiert stellen wir fest, dass die Nadel der Taschenbussole nach Süden oder Osten zeigt – oder auch tanzt –, während wir uns auf Nordkurs wähnen.

Das GPS ist für eine permanente Navigation nicht gut brauchbar. Bei den Temperaturen bis 35 Grad minus wären die Batterien schnell aufgezehrt. Die Flüssigkeitskristalle der LCD-Anzeige frieren immer wieder ein. Primitiv, aber wirkungsvoll: Sonne und Armbanduhr sind unser wichtigstes Navigationsmittel. Wir orientieren uns wie zu Pfadfinderzeiten.

An einem wolkenverhangenen Tag, an dem der «Planet» unsichtbar ist, herrscht Chaos. Fridolin ruft nach fünf Tourenstunden ungläubig: «Lagerspuren!» Hat eine andere Expedition hier biwakiert? Ist der unglaubliche Zufall eingetreten, dass wir Menschen in dieser endlosen Einöde treffen?

In der Arktis gibt es keine Zufälle. Wir sind im Kreis gegangen!

Zum Endpunkt

Am Abend sind wir nach einem Gewaltmarsch nur noch vier Kilometer vom Ziel entfernt. Das Gelände ist katastrophal und erinnert an die Cha-

Der Weg ist das Ziel

Generationen von Polarforschern hat der Nordpol inspiriert. Leidenschaft, Ruhmessucht und Patriotismus waren die Beweggründe. Skipionier Fridtjof Nansen schrieb richtig: «Das Wissen um die Arktis wird wie kein anderes mit Entbehrung, Not und Leiden erkauft.» Immer wieder versuchten Wagemutige, die erstarrte Unendlichkeit zu besuchen, zu durchqueren und den schon lange definierten Punkt «90 Grad» zu betreten. Der Amerikaner Peary behauptete, den Pol als erster Mensch am 6. April 1909 mit Hundeschlitten erreicht zu haben. Vor ihm hatten es viele versucht und waren umgekommen. War es nicht doch schon ein Jahr vor Peary sein Landsmann Cook, der auf dem imaginären Punkt stand? Oder schrieb man das Jahr 1958, als ein atomgetriebenes U-Boot der Amerikaner am Pol auftauchte und der Punkt erstmals von Menschen

betreten wurde? Das Entscheidende ist nicht, ob Cook oder Peary erfolgreich waren, eindrucksvoll waren ihre Kühnheit und Ausdauer. Heute zählt nicht mehr, ob man den Pol erreicht – das geht auch mit einem Atomeisbrecher und mit Champagnerfeier –, sondern, wie!

rakterisierung des Polarforschers Amundsen: «Das hier ist der Tanzboden des Teufels.» Meine müde Brandrede zeigt überraschend Wirkung. Die Gruppe beschließt todmüde, aber einstimmig: «Wir ziehen es durch!» Das Ziel ist vor Augen – und doch nicht da.

Nach neun Skitourenstunden durch einen Hindernisparcours aus Eis wühle ich unter der Schlittenplane das GPS hervor, stecke es unter Anorak und Faserpelzwäsche und wärme es fröstelnd am Bauch. Klick. Fünf endlose Minuten vergehen, bis genügend Satelliten «eingefangen» sind. Nur noch 400 Meter! Hoch motiviert spuren wir durch das milchige Licht des aufziehenden Schlechtwetters. Noch 200 Meter, dann wieder 600. Wir wandern über den Pol, entfernen uns von ihm, driften zurück. Der Punkt unserer Fantasie ist nicht exakt greifbar und auf einige Meter nicht bestimmbar.

Ich verkünde schließlich: «Wir sind da!» Ins Tagebuch tragen wir ein: 89 Grad, 59 Minuten, 31 Sekunden, 28. April, 18.52 Uhr. Der Nordpol ist kein Berggipfel. Er ist die Verkörperung der Geometrie, der Mathematik – und unserer Fantasie.

Es sieht aus wie überall rundum.

Ein bisschen rührselig sind wir alle, schütteln uns die Hände, wünschen uns «Berg Heil» und klopfen uns verlegen auf die Schulter. Ausgerechnet Walter, unser Ältester, redet von «einem unglaublichen Gefühl, einem Orgasmus der besonderen Art».

Die Dramaturgie ist fernsehreif. 18.57 Uhr, nur fünf Minuten nach der Erklärung des Erfolgs, wütet ein Blizzard. Die Zelte aufzuschlagen, wird zur Gruppenleistung. 40 Stunden liegen wir in den flatternden Zelten und driften mit «unserer» Scholle 15 Kilometer nach Süden.

Nirgends passt der weise Satz von Konfuzius besser als bei einer Nordpol-Expedition aus eigener Kraft: «Der Weg ist das Ziel». Der Helikopter findet uns tatsächlich in der Unendlichkeit des Eises und liftet uns zurück nach Borneo.

Eine Skitour zum Pol ist eine spannende Skitour und ein Trekking der besonderen Art.

8 Nordpol

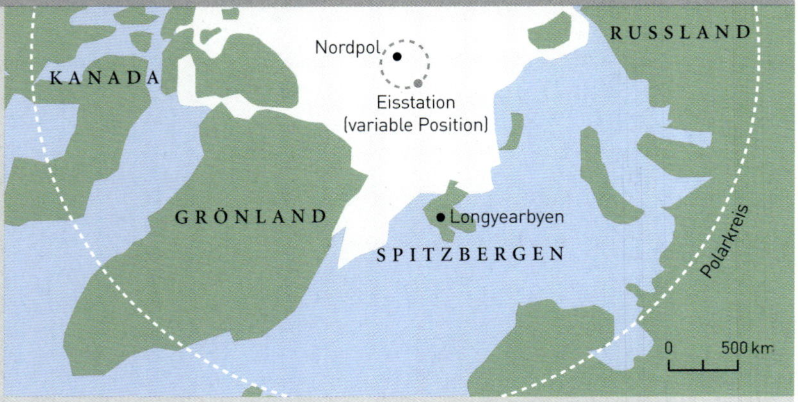

Anreise: Nach Spitzbergens Longyearbyen per Linienflugzeug. Dann mit russischem Spezialjet zur Eisstation. Skitour. Rückflug vom Pol (oder wo immer man am ausgemachten Tag ist) mit russischem Helikopter zur Eisstation. Rückflug nach Spitzbergen.
Beste Reisezeit: Von Mitte März, wenn es Tag wird, bis zum Eisaufbruch Mitte Juni. Beste Zeit ist Mitte April, die Temperaturen werden dann erträglich, das Eis ist noch fest, und es herrscht oft stabiles Hochdruckwetter über der Polkappe. Temperaturen zwischen 10 und minus 35 °C. Achtung, der Wind verstärkt die tiefen Temperaturen dramatisch.
Anforderungen: Bergsteigerische Erfahrung ist Grundvoraussetzung. Gute Alpinisten können sich die Expedition zutrauen. Skitechnische Kenntnisse erforderlich, Abfahrtskünste sind nicht gefragt. Biwaks in der Kälte sollten trainiert sein. Gruppentauglichkeit! Leidensfähigkeit! Man muss Spaß haben, sich zu schinden.
Übernachtung: In Spitzbergen Hotels und Hütten. Auf dem Skitrekking nur Zeltbiwaks.
Ausrüstung: Feuchtigkeit ist ein größerer Feind bei einer Tour zum Nordpol als die Kälte. Schlechte Funktionskleidung zaubert durch Schwitzen innerhalb der Kleidung kiloweise Reif und Eis hervor. Drei aufeinander abgestimmte Faserpelzschichten, darüber ein atmungsaktiver und winddichter Anzug sind optimal. Daunen sind weniger geeignet.
Informationen: Der magische «Endpunkt» Nordpol via Spitzbergen mit eigener Kraft, auf Skiern. Der Pol ist kein Ziel für Individualtrekker. Es ist schier unmöglich, sich mit einem halben Dutzend Behörden in Russland auseinanderzusetzen. Weltweit wenige kompetente Veranstalter: in Deutschland der DAV Summit Club, www.dav-summit-club.de (individuelle Organisation außerhalb des Katalogangebots). Oder Polarexplorers/ The Northwest Passage in den USA,www.polar-explorers.com. Organisation meist via Spitzbergen mit Flug per russischen Spezialjet zur Eisstation Borneo und Abholung per Heli am Pol (oder wo immer man nach der vereinbarten Zeit ist!). Der Preis variiert jährlich, dürfte aber über EUR 20 000 pro Person liegen. Dafür ist alles enthalten: Flüge, Hotels, Vollpension, Pulkas, Zelte, Expeditionsverpflegung, Kocher, Sicherheitsausrüstung, Polartraining, Führung.
Karten: Navigiert wird auf dem Treibeis mit dem GPS (oder der Sonne). Die ständig anzupeilende Richtung 90° Nord kann wegen der «leads» und der Eisaufbrüche selten eingehalten werden.

Am «höchsten Punkt des Globus» steht kein Gipfelkreuz. Über dem Nordpol schwimmt flüchtige Materie, ein Treibeisdeckel ohne Konstanz. Der Punkt auf der Landkarte ist nur eine wissenschaftliche Fixierung (links). Wenn der Skitourist Wetterglück hat, wird er zurück in die Zivilisation geliftet (oben).

Grönlands Diskobucht – Weltwunder der Natur

Wandern bei den höchsten Eisbergen der Erde

9

Ist man reif für die Insel? Die größte des Globus besitzt eine der unberührtesten und großartigsten Landschaften und Wildnisse unseres Planeten. Ein Superlativ ist die Diskobucht, die Geburtsstätte weißer Wunder. Trekken im Anblick gewaltiger Eismassen. Weit nördlich des Polarkreises ist das Klima auf der eisgepanzerten Insel mit den grünen Fjorden mild und das Fotolicht unbeschreiblich. Grönland ist ein Paukenschlag für jeden Trekker, der offen ist, sich auch einmal abseits von «Konfektion» zu bewegen.

Qaa qaqqanu kanna qisa

... heißt «Komm, wir gehen in die Berge». Wohl dem Wanderer, dem diese Aufforderung zuteilwird. Spricht sie eine grönländische Schöne gegenüber einem Fremden aus, so bedeutet dies Verfängliches: Sie möchte mit ihm Liebe machen. Der traditionelle Spruch erinnert daran, dass das Volk der Inuit noch vor wenigen Jahrzehnten, isoliert von der modernen Welt, seine eigenen Gesetze hatte. Bei der Liebe wollte man der Enge der Eskimo-Siedlungen und der Inzucht entfliehen und in den Bergen die Freiheit zu zweit finden.

«Tikilluaritsi» bedeutet «Willkommen». Willkommen in der Arktis, in einer Welt von atemberaubender Schönheit. Grönland. Mehr als zwei Millionen Quadratkilometer voller Erlebnisse. Ein Land voller Kontraste. Die einzigartige Natur ist nicht nur aus Eis und rau, wie manche glauben. Sie ist auch fruchtbar, mild und grün. Das Wander-«Zentrum» Ilulissat in der Diskobucht an der Westküste ist erstaunlich leicht zu erreichen. Die farbige kleine Stadt ist allein eine Reise wert. Wie schrieb einmal ein Besucher? «Es sollte ein Lebensrecht sein, einmal Ilulissat zu besuchen.» Die UNESCO hat das erkannt und den Ilulissat-Eisfjord zum Weltnaturerbe erklärt.

Nichts wächst hier höher als eine Handbreite. Die Pilze sind größer als die Zwergbirken. Ein Land voller Licht, landschaftlicher Schönheit und überwältigender Stille. Eisberge in allen Formen und Größen. Dramatische Gletscher und eine endlose Eiskappe. Glasklare arktische Luft.

Das Trekking-Traumziel unter der Mitternachtssonne liegt nahe bei Europa. Kaum fünf Flugstunden sind es von Kopenhagen nach Westgrönland. Superlative gibt es zahlreiche: die größte Insel der Welt, die größte Eiskappe nördlich des Äquators, die meisten Inuit-Siedlungen, die aktivsten Gletscher des Globus, der größte Nationalpark – und die wahrscheinlich freundlichsten Menschen. Dazu eine 4000 Jahre alte Eskimo-Geschichte, tausendjährige Wikinger-Historie, fünf Jahrhunderte alte Mumienfunde, Eis aus der Vorgeschichte – die «Sensationen» machen schwindlig und neugierig. Der tüchtige Trekker ist der Schöpfungsgeschichte ganz nahe. Und das Eis steht immer auf der Speisekarte der Natur.

Viele träumen davon, die Arktis zu erleben. Wer sich diesen Traum erfüllt, für den ist der Besuch wahrscheinlich ein Erlebnis fürs Leben. In der gewaltigen Urnatur ist der Wanderer nur ein winziger Punkt, und die verstreuten Spuren menschlicher Zivilisation entlang der weitläufigen Küsten erscheinen unendlich klein. Grönland ist arktisches und subarktisches Gebiet und hat ein empfindliches Ökosystem. Wir Trekker sollten dem mit Respekt begegnen. Die Natur braucht den Menschen nicht, aber der Mensch braucht die Natur. Der hohe Norden ist eine der wenigen noch halbwegs intakten Urlandschaften der Erde. Gefährdet genug ist dieses fragile Land.

Vom Inlandeis geschoben, schickt der Jacobshavn Isbræ mit Donnergrollen gewaltige Eisstücke auf die Reise (linke Seite). Widersprüchlich? Der Name Grönland kommt von «Grünland». Vor über 1000 Jahren entdeckten Wikinger die eisgepanzerte Insel, «wo der Honig von den Grashalmen troff» (oben).

Ab Mitte August, wenn sich Mücken und Fliegen verabschiedet haben, trocknet Dorsch in Wind und Wetter (oben). Ilulissat am Eisfjord ist eine Traum«stadt», in der 3000 Grönländer wohnen. Die meisten leben von den fischreichen Gewässern und der Jagd (rechte Seite).

Vorangehende Doppelseite: Kanu-Trekker schätzen die Sicherheit geschützter Fjorde. Zwischen Eisbergen zu paddeln, entbehrt nicht eines gewissen Nervenkitzels.

Der Panzer des Inlandeises bedeckt etwa 85 Prozent der Gesamtfläche. In der Mitte der wie eine Schüssel geformten Landmasse ist die Eiskappe bis zu 3000 Meter mächtig. Die Küstengebirge sind wie ein Wall und hindern das Eis daran, in den Ozean zu fließen. Nur an wenigen Stellen lappen Gletscherzungen ins Meer und füllen es mit Eisbergen auf.

Und das gelingt in der Diskobucht am spektakulärsten.

Reise in die sonnige Eiszeit

Gletscher haben die Landschaft Grönlands geformt, sie ist Trekkers Eldorado – ob als Wanderer, Backpacker oder Kanufahrer, mit Hundeschlitten oder auf Langlaufskiern ... Legt man die Karte Grönlands – von der Kaffeklubben-Insel im Norden bis zur Südspitze, dem Kap Farvel – über die Karte Europas, so reicht sie von Oslo bis etwa zum afrikanischen Tunis. Die dünne Besiedlung ist erklärbar, wenn man die mächtige, nach wirtschaftlichen Gesichtspunkten völlig nutzlose Inlandeisdecke betrachtet. Die Küstenstreifen jedoch sind im Sommer eisfrei – und spärlich belebt.

Das direkte und indirekte Trekking-Medium in der Diskobucht ist das gewaltige Inlandeis. Es ist keine starre Masse. Gletscher schicken fantastische Gebilde von bizarrer Schönheit und Vielfalt ins Meer auf die Reise und produzieren pittoreske, gefrorene Fotomotive.

Die Wüste lebt. Vielfach verbindet man mit der Insel die Vorstellung einer dunklen, eiskalten Einöde. Vereinfacht gesehen, ist es auch so. Aber das ist nicht die ganze Wahrheit. Grönland, das heißt auch Sonnenbad, Schweiß auf der Stirn und grüne Gebirge, die von einer Vielfalt arktischer Blumen bedeckt sind. Es ist ein Land, wo Eisberge vor den Küsten segeln oder wo man in einem sauberen, klaren See schwimmen kann.

Kann man denn auch mal die Sonne sehen? Ja ... oft 24 Stunden am Tag. Wir erleben 240 Sonnenstunden in zehn Trekking-Tagen. Es ist nicht leicht, pünktlich ins Bett zu gehen. Disko, 200 Kilometer nördlich des Polarkreises, ist besonders gesegnet. Der Spitzname «Hochdruck-Haltestelle» signalisiert, dass hier das stabilste Klima der Insel herrscht. Während des arktischen Sommers geht

Vorschlag für eine 10-tägige Trekking-Reise ab Kopenhagen

Organisation vor Ort durch mehrere «Operators» in Ilulissat möglich.
1. Tag: Flug von Kopenhagen nach Kangerlussuaq, weiter nach Ilulissat.
2. Tag: Morgens schultern Sie die Rucksäcke und tauchen ein in das Fjell zu einer ersten Wanderung am atemberaubenden, durch Gletschereis verrammelten Eisfjord. Ca. 4 Stunden.
3. Tag: Sie schippern zum Weiler Ataa auf der Insel Arveprinsens Ejland. Es wird eine Fotosafari durch die tiefgrüne Davisstraße. Eisberge aller Größen scheinen das Schiff zu erdrücken. Die ehemalige Handelsstation ist urgemütlich und steht inmitten einer wilden Natur auf einem milden Traumplatz. Kanustation. Man kann sich in die Kunst des Paddelns einweihen lassen.
4. Tag: Weglose schöne Wanderung entlang der Ostküste der Insel, immer im Anblick des eisgespickten Ataa-Sunds mit einer gewaltigen Aussicht. Zwei Gletscher drängen ins Meer, und am Horizont blinkt die Eiskappe. Irgendwann stehen die Zelte bei Kiidlit im Anblick eines urweltlichen Chaos aus Wasser, Moränen und Eisbergen. Ca. 8 Stunden mit gewichtigem Rucksack.
5. Tag: Zelte abbauen. Entlang dem forellenreichen Tassersuaq-See auf traumhaftem «Weg» zurück nach Ataa. 8 Stunden.
6. Tag: Man kann sich im nahen See mit Angeln nach dem schmackhaften Arctic Char, dem Seesaibling, versuchen. Dann stampft ein kleines Boot Richtung Eqi-Gletscher auf dem Festland. Am Hochufer thront die Hütte der französischen Grönlandforscher aus den 50er-Jahren. Ein Platz zum Träumen. Gegenüber kalbt donnernd der Gletscher im goldenen Abendlicht.
7. Tag: Auf den Spuren Paul Emile Victors, eines berühmten französischen Polarforschers, wandert man durch die menschenleere Tundra aufwärts. Und dann das gewaltige Inlandeis, das sich in den Hügeln verläuft. Und viel leicht setzt man den Fuß drauf! 6 Stunden.
8. Tag: Mit dem kleinen Schiff nach Oqaatsut (Rodebay), nahe Ilulissat. Es besteht die Chance, im nährstoffreichen Meer Wale blasen zu sehen. Die Inuit hier leben vom Fischfang und von der Robbenjagd.
9. Tag: Faszinierende Blumenteppiche beim Trekking an der Küste zurück nach Ilulissat – über Hügel, vorbei an funkelnden Mooren und über sprudelnde Bäche. 7 Stunden.
10. Tag: Wieder dröhnt die Maschine über den beeindruckenden Eisbrei des Isbræ. Landung in Kopenhagen spät abends.

Das historische Qayaq der Inuit war ein geniales, aus Treibholz, Knochen und Seehundhaut konstruiertes Jagdboot. Die moderne Variante wird heute für ein Paddel-Trekking bevorzugt (oben und rechte Seite unten). Visualisierte Schöpfungsgeschichte: Trekken vor der Wahnsinnskulisse des Isbræ.

Fröhliche Mücken gehören bei Windstille von Ende Juni bis Mitte August zum Arktisalltag. Ab einer Höhe von etwa 500 m verschwinden die Plagegeister, deren man sich auch mit einem Mückennetz recht gut erwehren kann.

die Sonne niemals unter. Mitternachtssonne ist ein Bewusstseinszustand. In dieser Welt spielt Zeit keine Rolle. Wandern bei 20 Grad plus, Windstille und Rund-um-die-Uhr-Licht.

Bei der Betrachtung der nördlichen Hemisphäre unseres Planeten Erde bleibt man unwillkürlich an einem sprichwörtlich «weißen Fleck» hängen – Grönland. Hier bei Ilulissat kalbt der aktivste Gletscher der nördlichen Hemisphäre, der Jakobshavn Isbræ, gigantische Eismassen in die Diskobucht.

Schwimmende Schlösser aus Eis

Die Pyramiden Ägyptens sind imponierende Bauwerke. Die Wunder Grönlands, die Eisberge, sind auch groß – größer, einfach enorm. Die fantastischsten Formen und Gestalten schafft die Natur im eigenen Atelier. Das Eis formt die Landschaft – und die Landschaft das Eis.

Da liegt sie vor uns, die sprichwörtliche Spitze des Eisberges in ihrer riesigen Realität. Respektvoll halten wir mit unseren Kajaks Abstand. Immer wieder platscht ein Eisbrocken ins Meer und verstärkt die Labilität. Die wohnblockgroße Masse kann sich um ihre eigene Achse drehen. Nur etwa ein Neuntel der Gesamtmasse ragt bizarr aus dem Wasser. Unvorstellbar: Eisberge können die Dimension eines schwimmenden Matterhorns erreichen.

Die ungeheure Geschwindigkeit – der Jacobshavn Isbræ fließt bis zu 30 Meter am Tag, also mit der gleichen Geschwindigkeit wie «schnelle» Alpengletscher im Jahr – lässt mit Donnergrollen enorme Eismassen abbrechen: Der Gletscher kalbt. Während die schwimmenden, instabilen Riesen dann kleiner und kleiner werden, bilden sich vielfältige Formen von bizarrer Schönheit, malerische Ruinen, eiskalte Märchenfiguren von atemberaubender Plastizität – formbar, wandelbar, unnahbar.

9 Disko-Bucht, Westgrönland

Anreise: Flugverbindung von Kopenhagen mehrmals wöchentlich nach Kangerlussuaq (Westküste). Von dort Turboprop-Verbindung nach Ilulissat.
Beste Reisezeit: Der Sommer von Mitte Juni bis Mitte September. Das Klima entspricht etwa dem in unseren Alpen in der Zweitausendmeterregion. In Küstennähe kann es regnerisch sein, aber auch wochenlange Schönwetterperioden sind üblich. Es kann erstaunlich warm werden.
Anforderungen: Für die vorgeschlagenen Touren sollte an zwei Tourentagen ein gewichtiger Rucksack mit Campingausrüstung und hervorragendem Wetterschutz kein Problem darstellen. 8 Tourenstunden können auch mal zusammenkommen. Fast ausschließlich wegloses Gelände. Orientierungskenntnisse sind unbedingt wichtig. Außer man vertraut sich einer Reiseorganisation an (es gibt davon mehrere kompetente in Ilulissat).
Übernachtung: Auf der vorgeschlagenen Tour unterschiedlich: Hotels, Hütten und Zelt. Campen ist überall erlaubt. Jugendherberge und Hotels in Ilulissat.
Ausrüstung: Wetterfeste Hochgebirgskleidung. Beste Campingausrüstung (bestes Zelt, Kunststoffschlafsack, Kocher…). Normalerweise haben die «Outfitter» in Ilulissat die gesamte Camping- und Notausrüstung (außer Schlafsack) im Angebot drin.
Informationen: www.ilulissattn.com oder www.visitgreenland.de/content/deutsch/touristen/orte_regionen/nordgronland/ilulissat
Karten: Grönländischer Fremdenverkehrsverband – Greenland Tourism – Wanderkarte 12: Ilulissat 1:100 000. 69V2: Jakobshavn 1:250 000.

Gewissenhafte Vorbereitung, gute Ausrüstung und Respekt vor der Natur sind Grundvoraussetzungen für genussvolle Treks in den menschenleeren arktischen Regionen.

Hunderte von Blumenarten blühen

Sie halten sich an das Motto: schnell leben und jung sterben. Extrem niedrige Temperaturen und starker Wind charakterisieren den arktischen Winter. Aber dann! In wenigen Wochen explodiert im Sommer eine reiche Pflanzenwelt. Es gibt über 200 verschiedene Blumen und eine noch größere Anzahl Flechten und Moose. Permafrost und Fels finden sich nahe der Bodenoberfläche, sodass die Pflanzen ihr Auskommen in wenigen mageren Zentimetern finden müssen. Wachsen, Blühen, Samenproduzieren ist eine entmutigende, aber erfolgreiche Aufgabe während des kurzen Sommers. Ein «arktischer Garten Eden»?

Wir suchen im wogenden weißen Meer aus Wollgras einen Lagerplatz. Die Idylle täuscht. Die weiße Schönheit wächst in Feuchtgebieten der Tundra oder an Ufern der Seen. Die Blütenköpfe aus weißen und seidigen Federn wiegen sich im Wind. Die Wollfasern wurden von den Inuit gesammelt und zusammen mit trockenem Moos als Docht in Öllampen, sogenannten Kudliqs, verwendet.

Die Miniparadiese aus dicken Moospolstern, Blaubeeren und Blumenfeldern laden zum Rasten ein, und hätten wir mehr Vorräte, würden wir hier noch tagelang bleiben. Auf der anderen Seite des Flusses hören wir das gewaltige Rauschen eines Wasserfalls, der in Europa eine Sensation wäre – mit Kiosk, Eintrittskarten, Geländern und betonierten Treppen. Wir sind hier immer alleine.

Wer einsame und unberührte Natur ohne Farbkleckse sucht, dort, wo noch niemand für einen gedacht hat, wird traumhafte Eindrücke in einer menschenleeren Landschaft finden.

Trekking in der Diskobucht ist ein Durchstreifen der Genesis!

Weltwunder Jakobshavn Isbræ

Als einer der aktivsten Gletscher der Erde bewegt er sich täglich etwa 25 bis 30 m. Diese Geschwindigkeit erreichen «schnelle» Alpengletscher im Jahr! Er kalbt auf einer Breite von 10 km und produziert 140 000 000 Tonnen Eisberge täglich, was 25 km^3 Kalbeis im Jahr entspricht. Die Verzweigungen des Gletschers reichen mehrere Hundert Kilometer ins Inlandeis hinein. Das Eisgebirge ist keine einheitliche Masse, sondern besteht aus ruhenden Partien, aber auch aus Gletschern, die den Talsenken im Untergrund folgen und sich als große Eisströme durch die Landschaft schlängeln, bis sie ins Meer kalben. An einem unterseeischen Riff vor der Diskobucht bleiben die riesigen Eisbrocken dann hängen und führen zu einem spektakulären Stau. Eisberge, die bis 100 m aus dem Wasser ragen, sind keine Seltenheit. Wenn man berücksichtigt, dass sieben bis neun Zehntel der Masse eines Eisberges unter Wasser liegen, haben sie eine Tiefe von bis zu 1000 m. Schwimmende Matterhörner!

Im Kajak durch den schönsten Fjord Grönlands | 10

Ketil – Riesenberge und die Straße der Eisberge

Die Fjorde und Schärengebiete südlich von Nanortalik sind ein ideales Kajakland – wenn man ihm gewachsen ist. Nunap Isua hat eine klare, wilde Natur. Die Berge erreichen die Zweitausendmetergrenze, setzen oft direkt am Meer an und bilden Wandhöhen von 1000 Metern und mehr. Mit zum Schönsten im äußersten Süden Grönlands gehört der Ketil-Fjord, auch Tasermiut-Fjord genannt. Tief schlängelt er sich ins Landesinnere. Granitriesen – nur dieser abgedroschene Superlativ passt – säumen die Ufer und bilden neben einer fantastischen Kulisse auch einen Kanal, durch den der Wind düst. Paddlers Alptraum, wenn man dagegen ankämpfen muss, eine herrliche Hilfe, wenn er schiebt.

Südgrönland aus der Luft

Der Anflug auf Narsarsuaq über die eisgepanzerte Küste und die Eiskappe ist trotz der Wolkenfetzen eindrucksvoll. Vor der Küste steht ein dichter Treibeisgürtel. Der Ostgrönlandstrom transportiert von der Polkappe mächtige Eismassen zum Kap Farvel bis in den Tasermiut-Fjord, der weit ins Land reicht.

Die Wolken hängen tief, und die Startbahn des Flughafens ist regennass. Mit der üblichen Verspätung startet der Sikorsky-S-61-Heli und fliegt über dem Eriks-Fjord, immer an der Wolkenuntergrenze, nach Süden. Spitze Granitgipfel stehen über dem Dunst. Über großen Eisbergen ziehen wir eine Schleife und landen am Stadtrand von Nanortalik.

René, der «Touristmanager», erzählt, dass der Tourismus durch die Rezession in Europa stark zurückgegangen sei. Letztes Jahr kamen 400 Reisende, heuer erwartet er nur 250. Sein Hund weicht ihm nicht von der Seite. Er ist angeleint, denn in Grönland werden frei laufende Hunde oft erschossen.

Das «Youth Hostel» ist eine gemütliche Hütte am alten Hafen, direkt am Meer. Einen idealeren Platz für meine Kajakpläne, die erste Alleinbefahrung des Tasermiut-Fjords, kann ich mir nicht vorstellen. Das Wetter klart auf, der Seenebel hebt sich. René ist eine wahre Infobox und erzählt, dass in dieser Saison in der Region schon 21 Eisbären geschossen worden seien.

«They bring a whale!» Drei kleine Motorboote schleppen einen zehn Meter langen Grindwal auf die Insel gegenüber, und die Jäger ziehen ihn so weit wie möglich an Land. Die Ebbe wird ihn nachts trockenlegen, und dann wird man mit dem blutigen Geschäft beginnen. Einige grönländische Halbwüchsige schnippeln mit ihren Taschenmessern an der Schwanzflosse herum, stecken die Hautstreifen in den Mund und schneiden sie kurz vor den Lippen ab. Mattak, die rohe Walhaut, ist Vitaminbombe und Delikatesse zugleich. In Grönland hat man eine andere Einstellung gegenüber der weltweit geächteten Waljagd. Sie ist selbstverständlich und natürlich seit Jahrtausenden.

Die 80 km des Tasermiut-Fjords im Süden Grönlands zu paddeln, gehört zum Schönsten in einem Trekkerleben (linke Seite). «Plötzlich: Majestätisch taucht backbord eine Rückenflosse auf, und graue Walhaut verschwindet mit eleganter Bewegung in der öligen See. Wieder und wieder.» (aus dem Tagebuch)

Erstbefahrung

Der Fjord ist noch nie mit dem Kajak befahren worden, schon gar nicht im Alleingang. Wenigstens nicht in moderner Zeit. Wo muss man besonders aufpassen? Hinten, wo die Gletscherfront möglicherweise kalbt? In der Mitte, wo der enge Fjord den Wind wie eine Düse kanalisiert? Oder draußen am Meer, wo das Treibeis und die Eisberge schwimmen? Wenn das Wetter stimmt, kann es genussvoll werden. Bizarre Gipfel, die an die Aiguilles von Chamonix erinnern, sind am Horizont zu erkennen.

René behauptet, dass im Fjord das Wetter besser sei. Wir tragen das viele Gepäck zum kleinen Bootshafen. Am schwersten ist das Faltboot. «Nunap Isua», Ende des Landes, habe ich es ge-

Kletterziele der Extraklasse: Im Tasermiut-Fjord sind bis zu 1000 m hohe Granitpfeiler an berühmten Bergen wie dem Ulamertorssuaq herausragende Ziele für Kletterer. Exzellenter Fels und die relativ leichte Erreichbarkeit machen dieses Gebiet zu einem Eldorado für den erfahrenen Alpinisten (rechte Seite; oben). Die «Straße der Eisberge» hat sich zur offenen See hinausgeschoben. Die Route nach Nanortalik ist frei (rechte Seite; unten).

tauft. So nennen die Grönländer diese Gegend an der äußersten Südspitze der Insel.

Ein kleines Kajütboot mit einem freundlich lächelnden Grönländer am Steuer läuft in den kleinen Hafen ein. Er trägt gegen den scharfen Wind eine Seehundmütze. Ein verrosteter Gewehrlauf lugt aus dem Gepäckwirrwarr und ist der Seeluft und dem salzigen Spritzwasser ausgesetzt. Wir brausen hinaus aufs Meer, vorbei an Inseln im Nebel, biegen beim Kap Tuapaat nach Osten und dann nach Norden. Das Wetter klart tatsächlich auf, und ab und zu blinkt sogar ein Sonnenstrahl.

Die Wolken werden weniger und geben Berge frei – ein fast menschenleeres Land. Die Granitriesen sind nass vom Regen. Das Fjordende ist eine Gletschermauer, die vom Inlandeis herabfließt. Ich gebe René ein Zeichen und deute zum rechten Ufer. Auch dort schwappt ein Gletscherbauch in die Nähe des Fjords.

Wir laden das Gepäck aus. Der Grönländer hat es eilig, da die Ebbe einsetzt. Ich schüttle René die Hand und zahle ihn aus. «You will really do it?», fragt er und ist ein wenig verlegen. Ich klopfe ihm auf die Schulter und lache. Nach fünf Minuten ist der Motorlärm verklungen.

In der Gletscherfront hinter mir donnert es. Ich bin allein, nur noch mir verantwortlich. Ich beginne, das Boot aufzubauen, eine Schinderei in dem unebenen Gelände. Dazu besuchen mich Tausende «Freunde»: Culex pipiens, die Gemeine Stechmücke, hat ihren weltweiten Siegeszug bis zu den Gletschern Grönlands angetreten.

Nach drei Stunden Arbeit stehen Kajak und Zelt. Das Lager inmitten eines urzeitlichen Tals ist beeindruckend schön. Vom Sermitsiaq-Gletscher braust ein Wildbach herab, der das notwendige Trinkwasser liefert. Die Mücken vertreibe ich mit einem Feuer. Aus Steinen und einem angeschwemmten Brett baue ich einen Tisch. Den Rücken an einen Felsblock gelehnt, genieße ich diese wilde Welt an der Grenze zwischen Wohlbehagen und Gänsehaut.

Kajak oder Qayaq?

Ein Kajak ist ein Faltboot, ein «Qayaq», wie es die Eskimos vor Urzeiten erfanden. Über ein Spantengerippe aus Holz wird eine Haut gezogen. Bei den Eskimos war das Qayaq aus Seehundleder. Kaum ein Grönländer geht noch mit einem Paddelboot auf die Jagd. Motorboote sind zur Selbstverständlichkeit geworden. Das Qayak erlaubte den Eskimos die Jagd im Eismeer.
Der Däne Gustav Holms ruderte, mit Kajakfahrern als Späher, 1883 die grönländische Ostküste bis Ammassalik hinauf und entdeckte einen steinzeitlichen Inuitstamm. Für Fridtjof Nansen und seinen Begleiter Johansen waren zwei Kajaks der Schlüssel, um auf ihrer «gescheiterten» Nordpolexpedition vom Eisrand der Polkappe die Inseln des Franz-Josef-Landes zu erreichen. Sie führten ihre Boote – Faltboote! – auf Hundeschlitten mit. Die Kapitäne Romer und Lindemann überquerten mit Faltbooten den Atlantik, obwohl sie keinen Schlag paddelten, sondern segelten. Sportliche Ambitionen hatten die Eskimos nie, für sie war das Qayaq immer nur Jagdgerät.

Im Reich der Gletscher und Granittürme

Unruhe treibt mich um sechs Uhr morgens aus dem Schlafsack. Ein prüfender Blick zum Himmel: Es sieht nicht schlecht aus. Wolken ziehen hoch oben mit großer Geschwindigkeit, steile Berge sind halbhoch von ihnen eingehüllt. Welch eine großartige Natur! Im Gletscher knarrt es. Um acht Uhr sitze ich im Boot und mache die ersten Paddelschläge. Der erste Abschnitt ist ein steiles Kap, das ich möglichst schnell umrunde. Mit den Augen suche ich nach Stellen, die ein Anlanden ermöglichen – oder ein Heranschwimmen nach einer Kenterung. Die Sonne kommt: Hurra!

Nach zwei Stunden Paddeln zieht der hohe Granitturm des Tiningnertup Qaqa backbords vorbei. Der 1720 Meter hohe Gipfel ist aus meiner Froschperspektive gewaltig. Das sind die Höhenunterschiede einer Watzmann-Ostwand, des höchsten Steilabfalls der Ostalpen. Ein Hängegletscher gleißt in der Sonne. Die Ebbe zieht, und ein leichter Rückenwind schiebt. Jede Bucht fahre ich aus, halte mich in Sichtweite des Ufers, um jederzeit auskneifen zu können. Bei der Rast an einem Kiesstrand ermittle ich einen Schnitt von fünf Stundenkilometern.

Plötzlich öffnet sich der Blick in das Urtal des Uilnit Kua. Die atemberaubende Granitpyramide des 2010 Meter hohen Ketil gewinnt an Masse. Die Wikinger haben ihm diesen Namen gegeben. Der Tasermiut-Fjord trägt auch den Namen Ketil-Fjord, benannt nach dem gleichnamigen Wikinger, der unter Erik dem Roten hier siedelte. Wie mit dem Lineal geschnitten steigen die schwarzen Konturen in den Himmel. Auf einem Strand, der gut nach Thailand passen würde, raste ich und bin zufrieden. Für 15 Kilometer habe ich dreieinhalb Stunden gebraucht. Wenn das so weitergeht, mache ich am ersten Tag 25 Kilometer.

Gegen Windmühlen

Kaum sitze ich wieder im Boot, springt der Wind an. Und er kommt – wie kann es anders sein – von vorn. Von Minute zu Minute wird er stärker, fasst ins Paddel und drückt den Bug seitlich, sodass ich Mühe habe, Kurs zu halten. Hat es noch Sinn, weiterzupaddeln? Die Wellen werden höher, aber das Boot reitet sie gut ab. Ich habe den Bug nur leicht beladen, damit er gut klettert. Auf der anderen Fjordseite steht das Granitwunder des Kirke-

spiret, des «Kirchturms». Nur 1590 Meter misst dieser formschöne Granitberg. Aber er steigt direkt von der See auf.

Der Strom ist gekentert und steht gegen mich. Auch der Wind hat sich gegen mich verschworen. Dennoch nähere ich mich unmerklich dem angepeilten Strand und fahre im Lee eines Kaps auf einen Kiesstrand. Schnell lösche ich die Ladung und bringe das Boot an Land in Sicherheit. Es ist zu schwer, als dass ich es tragen könnte. Deshalb hebe ich es abwechselnd an Bug und Heck an und drehe es mehrfach um 180 Grad. Nachmittags steht mein Lager in einer geschützten Mulde. Mit dem Krüppelholz, das vom Regen durchweicht ist, lässt sich nur mühsam ein Feuer entfachen. In eine Tasse Suppe rühre ich eine ganze Packung Pemmikan und löffle den Fleischbrei heißhungrig.

Ich packe den Rucksack und steige auf einen Hügel. Nach eineinhalb Stunden stehe ich am höchsten Punkt. Die Aussicht beim Steinmann des 685 Meter hohen Qaqarssuaq ist unübertrefflich, gewaltig, fabulös, gigantisch, unglaublich, phänomenal… Welchen Superlativ soll man noch im Anblick eisiger Fjorde, steiler Berge und eines Lichts ohnegleichen aussprechen? Über der Eiskappe ist der Himmel ganz klar. Wie Kirchtürme, jeder an die tausend Meter hoch, «pfeifen» Granitpfeiler in den tiefblauen Himmel. Vor allem der Ulamertorssuaq (1830 m) und ein namenloser Berg mit 2051 Metern sind die formschönsten Kathedralen aus Stein.

Seerauch

Seit einer Stunde sitze ich im Kajak. Rundum wallt Nebel, schemenhaft tauchen Felsen auf und verschwinden wieder. Der Wasserdampf frisst jeden Laut. Es verspricht ein prächtiger Tag zu werden. Die Sonne ist ein heller, scharfer Fleck im Dunst, durch den ich paddle, und ich hoffe, dass die Sonne siegt. Der Höhenmesser ist zwanzig Meter gefallen. Das bedeutet gestiegenen Luftdruck. Ich steuere hinein in das Trugbild einer Nebelwand. Die geisterhafte Stimmung wird mehr und mehr von der Sonne gemildert. Nach eineinhalb Stunden raste ich an einem Kiesstrand und kann das Etmal nicht glauben: neun Kilometer in der Stunde!

Die Paddelschläge sind automatisiert. Schatten jagen auf mich zu: Die Sonne ist da. Und mit ihr kommt schlagartig der Wind. Die starke Sonnenbrille narrt. Die Fernsicht ist durch die klare Luft schier endlos. Immer wieder unterschätze ich die Entfernungen. Nur langsam zieht das nahe Ufer an mir vorbei. Dieser Wind scheint regelmäßig immer am späteren Vormittag aufzukommen. Morgen muss ich früher starten.

Das Boot nimmt brav Welle für Welle. Mein umgebautes Zweierfaltboot ist träge, aber zuverlässig. Der Fjord wird enger, der Wind legt zu. Nach vier Stunden überlege ich, ob ich biwakieren soll. Aber nach der Karte sind es nur noch zwölf Kilometer zur Nugarsuk-Halbinsel. Ich quere den Kurs eines großen Eisbergs. Möwengeschrei hallt von den Fjordbergen wider. Es klingt wie das Lachen von Kindern. Die zahlreichen Birkenpilze im Fjell wecken bei jeder Rast Sammelleidenschaft. Es hat lange nicht geregnet, und sie sind fest und trocken. Sie riechen gut. Ein Steinhaufen aus Granitplatten entpuppt sich als Eskimograb. Schädel und Gebeine liegen darin.

Ich lehne am Gestänge des Bootes aus Holz und Baumwolle, das mich durchs Eismeer trägt. Seine Urform, das Qayaq, das bestkonstruierte Einmannboot der Welt, wurde von Eskimos aus Treibholzplanken und Robbenhäuten gefertigt: ein Kunstwerk, eigentlich für die Jagd erdacht und nicht für sportliche Abenteuer. Mein Trockenanzug, dessen weiche, enge Gummimanschetten an den Extremitäten und am Hals das Wasser bei einer Kenterung abhalten sollen, wärmt. Im Eismeer mit seinem vier Grad kalten Wasser hält es ein Schwimmer kaum fünf Minuten aus. Danach ist man unfähig, sich zu bewegen. Die Neoprenkajakschuhe sind auch dann noch warm, wenn die Füße nass sind.

Wann kommt das Kap, hinter dem Tasiusaq liegt? Das Achtzigseelendorf ist eine Landmarke auf der Tour.

Dirty old town

Es sind nur wenige Schritte bis zu einem kleinen Laden, der alles hat, was man wirklich braucht. Die Grönländerin mit dem Faltenwurf um die Augen schiebt mir lächelnd drei kleine Flaschen zu. Das dünne Bier hieße bei uns «light». Ich bummle die wenigen Schritte durch den fantastisch gelegenen Ort. Eine Frau zerlegt mit dem Ulu, dem Frau-

Der Fjord im Kanu

Mit Charterboot in den hintersten, nördlichsten Teil des Fjords bei einem Hängegletscher. Bis zum Beginn des Fjords hält man sich ausschließlich am Ostufer. Schöner Lagerplatz mit Wikinger-Kirchenruine bei Tasermiutsiaat in der Bucht unter dem Ulamertorsuaq. Weiter bis zur Schäfersiedlung Qeqertaaraq. Hier steht eine öffentlich zugängliche Hütte auf einer Halbinsel. Der kleine Ort Tasiusaq verfügt über alle wichtige Infrastruktur: einen Laden am Hafen und Telefonmöglichkeit. Grandiose Umgebung. Der Fjord wendet sich westwärts. Weiter am Südufer bis Niaqornaq und über den Fjord setzen. Am nordöstlich gelegenen Tasiusaarsuk, einer Lagune, steht eine offene Hütte, Traumplatz mit einem Wasserfall im Talende. An der steilen Küste weiter um das Kap Tuapaat nach Nanortalik.

Eine Paddeltour durch die südgrönländischen Fjorde kann der Höhepunkt im Leben eines Kanuten sein.

Die «Stadt» Nanortalik im äußersten Süden Grönlands ist lieblich, baumlos und mit reicher Vegetation. Eine moderne Siedlung auf geschichtsträchtigem Boden.

enmesser der Eskimos, eine Robbe. Felle sind zum Trocknen an die Häuser genagelt. Es riecht nach Fisch und Fleisch.

Ein junges Mädchen spricht mich auf Englisch an. Das ist ungewöhnlich. Grönländer sprechen meist nur Grönländisch und ab und zu Dänisch. Jenine Jensen, etwa zwanzig, erzählt, dass sie in Nanortalik wohnt und dort zur Schule gegangen ist. Sie besucht hier ihre Familie. Sie ist hübsch und hat ausnahmsweise gute Zähne. Die Einladung zu einer Tasse Kaffee nehme ich gern an. Die Mutter begrüßt mich freundlich. Sie hat ein eskimoisches Gesicht. Das Haus ist ordentlich und einfach. Im Windfang liegt ein Stück stark riechender Seehundspeck. Im «Wohnzimmer» kocht Robbenfleisch in einem Topf. Die Kamera beschlägt in der feuchten Luft. Die Schwägerin hat ein sanierungsbedürftiges Gebiss. Sie ist hochschwanger und trägt ein einjähriges Kind, dem eine Rotzglocke an der Nase hängt. Der Schwiegersohn ist ein Mittzwanziger und recht adrett. Er erzählt, dass in diesem Nest alles an Infrastruktur vorhanden ist: Laden, Telefon, Fax, Funk, auch eine kleine medizinische Station. Auf einer Weltkarte an der Wand zeige ich München und ernte Ungläubigkeit, als ich erzähle, dass die Stadt mehr als eine Million Einwohner hat. Noch größer ist das Erstaunen, als ich auf das kleine Deutschland zeige und erzähle, dass dort mehr als achtzig Millionen Menschen leben.

Ich muss weiter, Jenine winkt mir nach. Wind kommt auf und singt in den Felsen. Man kann die Uhr danach stellen. Und wie immer steht er gegen mich. Doch tatsächlich krieche ich am späten Mittag in der kleinen Bucht Tasiusaarsuk an Land. Das Fjordende ist fast erreicht, aber noch habe ich 25 Kilometer Meer bis Nanortalik vor mir. Hier

10 Ketil-Fjord, Südgrönland

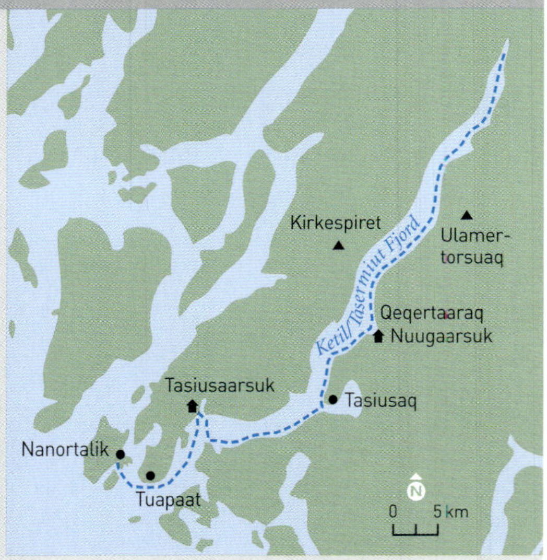

Durch Südgrönlands gewaltige Felsenwelt mit dem Kanu. Der 80 km lange Kanal gehört zum Schönsten, was Grönland dem Trekker zu bieten hat.

Anreise: Mit Jet von Kopenhagen/Dänemark oder Reykjavik/Island nach Narsarsuac im Süden Grönlands. Weiter nach Nanortalik mit Helikopter. Dann am besten Charterboot, das bei Nanortalik Tourism Service gebucht werden kann, zum Ende des Tasermiut-Fjords.

Beste Reisezeit: Juli und August.

Anforderungen: Der erfahrene Kanu-Trekker ist gefragt. Eine Siedlung, eine Schaffarm und zwei Hütten im Fjord sind keine Sicherheitsmerkmale! Der Fjord ist vor allem in seinem hinteren Teil menschenleer. Die Granitberge des Ketil und des Ulamertorssuaq sind bekannte Herausforderungen für die Weltelite der Kletterer. Durch die Nähe Nanortaliks ist der organisatorische Aufwand leicht zu handhaben. Eine Kajakfahrt ist die beste Möglichkeit, dieses Schaustück «by fair means» zu erleben. Am Ende muss man einige Kilometer über offenes Meer, um nach Nanortalik zu kommen. Diese Passage kann – je nach Jahreszeit und Wind – starkes Eis haben. Man kann in den Fjord hineinund wieder herauspaddeln oder sich mit einem Leihboot im Inneren absetzen lassen und beliebig lange nach Nanortalik zurückrudern. Die Gezeiten beachten, die Ebbe hilft. Mindestens 6 Tage für die einfache Tour.

Übernachtung: In Nanortalik mehrere Hotels unterschiedlicher Qualität. Gemütliche Jugendherberge im alten Hafen. Im Fjord zwei öffentlich zugängliche Hütten. Sonst Zeltbiwak.

Ausrüstung: Faltboot oder aufblasbaren Kanadier bringt man aus Europa mit. Es können auch Kunststoffkajaks in Nanortalik ausgeliehen werden. Trockenanzug, Neoprenschuhe, Schwimmweste. Sturmfestes Zelt, Kunststoffschlafsack. Campingausrüstung.

Informationen: www.greenlandkayak-guide.blogspot.com und www.nanortaliktourism.com

Karten: 1:1 000 000: 2017 Julianehab; 1:250 000: 60V2 Nanortalik; Kort & Matrikelstyrelsen Qaqortoq/Uummanarsuaq A66/90.

steht eine Hütte. Sie ist offen, wie überall in Grönland. Der Platz könnte schöner nicht sein: rundum hohe Berge, unten eine Lagune und davor der Fjord. Der Wasserfall hinten im Talgrund wäre in den Alpen eine Attraktion, in Grönland wird er den Nebensächlichkeiten zugeordnet. Der Wind hat zur Sturmstärke aufgefrischt und bringt die See zum Kochen.

Durch die Straße der Eisberge

Früh sitze ich im Kajak. Heute muss ich auch über offenes Meer. Schwerstarbeit ist es für mich, das Kajak fünfzig Meter aus der Sicherheit der schützenden Felsen zum Strand zu wuchten. Bug über Heck, Heck über Bug, Stauen, Einbooten, Spritzdecke zu: los. Ich vertraue dem Barometer, das gestiegen ist. Die See ist ruhig und von einer Brise nur leicht gekräuselt. Die gewaltigen Granitberge im Osten werden von der aufgehenden Sonne zum Glühen gebracht.

Ruhig und voller Energie paddle ich auf die Halbinsel Niaqornaq zu. Ich sehe die ersten Eisschollen im blauen Wasser. Kilometerlang ziehen Steilufer vorbei. Schneller als geplant biege ich beim Kap Nuuk nach Westen ab. Große, bunte Kiesel liegen vor der Steilküste auf Grund. Ich schwebe darüber. Noch zehn Kilometer. Das Kap Tuapaat taucht auf. Die «Straße der Eisberge» hat sich in den letzten Tagen zur See hinausgeschoben – ein undurchdringlicher Gürtel aus Eis.

Plötzlich: Majestätisch taucht backbord eine Rückenflosse auf, und graue Walhaut verschwindet in einer eleganten Bewegung in der öligen See. Wieder und wieder. Der Pottwal zieht ungerührt seines Wegs, der querab meines Kajaks liegt. Mein zerbrechliches Boot wäre kein Problem für das mächtige Tier. Es könnte es gleichgültig zerschmettern. Ich schätze seine Länge auf 15 Meter – dreimal so viel wie mein Kajak.

Durch ein Gewirr von Eisbergen halte ich einen Schlangenlinienkurs. Die Lücken werden größer, dann bin ich durch. Die Straße der Eisberge liegt hinter mir. Jetzt sehe ich die ersten Schafe und gelegentlich Hütten. Und dann die bunten Häuser von Nanortalik.

Am geschützten Kiesstrand liegt – gleich neben den kunstblumengeschmückten Gräbern des schlichten Friedhofs – auf einem Gestell ein Kajak. Die Haut ist aus Segeltuch und weiß gestrichen. Das Holzgerippe ist relativ neu und handwerklich sauber gezimmert. Es gibt keinen Nagel. Alle Spanten sind mit Schnüren verbunden. Beherrscht man die Kunst, ein Kajak zu bauen, doch noch in Grönland? Oder wieder?

René kommt. Er klopft mir anerkennend auf die Schulter.

Die Jagd prägt die Denk- und Lebensweise der Grönländer. Noch immer wird Fleisch aus dem frisch erlegten Tier geschnitten und roh verzehrt. Früher war das fast die einzige Möglichkeit, den Vitaminhaushalt zu regeln.

Im Inselgewirr Ostgrönlands

Langlauf- und Hundeschlittentour in fast menschenleerer, weißer Meerwildnis

11

Die fast 3000 Kilometer lange Ostküste Grönlands gehört zu den eindrucksvollsten und wildesten Landstrichen der Arktis. Die Grönländer nennen sie «Tunu», «Rücken des Landes». Nur etwa 3000 Menschen leben hier, wo die Natur eine Inselwelt mit wuchtigen Bergen und fischreichen Fjorden geformt hat. Die Szenerie ist hochalpin. Steile Granitberge bestimmen den Horizont, Eisberge bieten pittoreske, eingefrorene Fotomotive. Die vereisten Fjorde und flachen Inseln sind ein Schlitten- und Langlaufterrain par excellence.

Die Wolle der Lämmer

Beim Flug über das endlose Inlandeis der größten Insel der Erde fühlt man sich schon fast «reif für die Insel». Aus 10 000 Meter Höhe wirkt es weich und flauschig, erinnert an die feine Wolle am Bauch weniger Wochen alter Lämmer. Der pechschwarze Kaffee schmeckt besser als in Europa. Oder sind wir nur verklärt durch den wilden Ausblick, der uns milde stimmt? Ist es die Euphorie, dass ein großes Abenteuer jetzt wirklich beginnt?

Geografisch gehört Grönland zu Amerika, politisch und wirtschaftlich aber zu Dänemark. Seine Lage im nördlichen Atlantik, umgeben vom Eismeer, lässt kalte Meeresströmungen entstehen, welche die Insel umspülen. So werden die Küstengebiete ständig gekühlt, was zusammen mit der Kälteabstrahlung des mächtigen Inlandeises, der größten Eismasse der nördlichen Globushälfte, das arktische Klima verursacht. 85 Prozent der Gesamtfläche Grönlands sind vom Panzer des Inlandeises bedeckt: Unglaubliche 2500 Kilometer in nord-südlicher Richtung, und in West-Ost-Richtung immerhin noch 1000 Kilometer. Eigentlich ein Kontinent!

Reykjavík auf Island hatte unsere kleine Gruppe so empfangen, wie wir die Insel aus dem Wetterbericht kannten: stürmisch, nass und kalt. Wir sind ein Dutzend Männer und Frauen. Ziel und Startpunkt ist der kleine Ort Kap Dan in der fast menschenleeren Tasiilaq-Region Ostgrönlands. Von dort wollen wir auf Langlaufskiern – begleitet von Inuit, die auf Hundeschlitten unser Gepäck transportieren – mehrere Tage die grönländische Eiswildnis erkunden.

Beim Beladen des kleinen Charterflugzeugs in Keflavík, dem Flughafen von Reykjavík, legen wir alle selbst Hand an. Eine bezeichnende Geste für die ganze Tour. Denn bei dieser Reise ist Kameradschaft ebenso wichtig wie Kondition.

Wegen der geografischen Lage und der schwierigen Eisverhältnisse war die Gegend um die «Stadt» Tasiilaq lange isoliert. Erst vor 120 Jahren entdeckte der Däne Holms auf einer Bootsexpedition mit Umiaks, den fellbespannten Booten der Inuit, einen auf steinzeitlicher Stufe lebenden Eskimostamm. Jagd und Fischfang waren und sind bis heute der wichtigste Wirtschaftszweig dieser Gegend.

Der Empfang in Kulusuk, dem einzigen Flughafen an der fast unendlich langen Küste Ostgrönlands, ist stilecht. «Unsere» Hundeschlittenführer erwarten uns. Wir schnallen zum ersten Mal die Cross-Country-Skier an, um die wenigen Kilometer zum Dorf Kap Dan, der ersten Station unserer Tour, auf langen Latten zurückzulegen. Das breite, freundliche Lächeln unserer Begleiter ist ebenso beruhigend wie unsere erste Unterkunft, eine für grönländische Verhältnisse komfortable Hütte mit Küche und Aufenthaltsraum, die sogar über eine winzige Dusche verfügt. In diesem «base camp» überstehen wir auch den nächsten Tag, an dem uns ein milder Pitteraq – ein grönländischer

Huskys waren der Schlüssel für die Eroberung der Polarregionen. Die halbwilden Schlittenhunde haben ein hartes Leben. Im Winter erfüllen sie ihre Aufgabe als Zugtiere und Jagdgehilfen, im Sommer sind sie «arbeitslos» (linke Seite). Es ist kaum 100 Jahre her, dass der dänische Marineoffizier Gustav Holms in Tunu eine steinzeitliche Jägerkultur entdeckte. Wer in Grönland Iglus erwartet, wird enttäuscht. Er trifft auf einfache, aber moderne Siedlungen (oben).

Blizzard mit hundert Stundenkilometern – ans Haus fesselt und unseren Respekt vor der Natur verstärkt.

Die grönländischen «Großstädte» ab etwa 700 Einwohnern unterscheiden sich in ihrer Infrastruktur kaum von europäischen größeren Siedlungen. Aber in den kleinen Dörfern wie Kap Dan folgen die Menschen noch dem Rhythmus der Vorzeit. Hier haben sie es nicht eilig. Es gibt kaum Straßen, dafür umso mehr Pfade, die sich zwischen den Häusern hindurchschlängeln. Sie führen zu einem Geschäft, das zugleich Postamt ist, einer Schule, einer Kirche oder einem kleinen Elektrizitätswerk. Die Einwohner sind meist Selbstversorger, leben fast ausschließlich vom Fischen und von der Jagd. Andererseits hat die Neuzeit längst Einzug gehalten: mit Satellitenfernsehen, Fiberglasbooten mit Außenbordmotoren und Lebensmitteln wie in den Supermärkten von Kopenhagen.

Willkommen in der sonnigen Arktis

Der nächste Tag lässt alle Bedenken vergessen. Die Sonne strahlt von einem wolkenlosen Aprilhimmel – in dieser Zeit ist in Grönland das perfekte Schlittenwetter. Drunten am Meer liegen die Hunde an einer straff gespannten Kette. Die Huskys aalen sich im flockigen Schnee. Beim Aufstellen der Gespanne kommt es zu ersten Scharmützeln. Frell, einer der Hundeschlittenführer, schafft mit Autorität Ordnung in den Reihen. Nathaniel greift unerschrocken in das infernalische Knäuel, klinkt den Meuteführer aus, stellt ihn sich zwischen die Beine, zieht ein Zuggeschirr aus Robbenleder aus der Anoraktasche und streift es dem bellenden Tier über. Das Rudel jault, kläfft und heult und ist voller Sehnsucht. Jedes der Tiere will einer der zwölf Zughunde sein, die wir heute vor die Schlitten spannen.

Das schwere Holzgefährt mit den massiven, blechbeschlagenen Kufen nimmt ruckartig Fahrt auf. Auf geht's bei strahlendem Sonnenschein, hinaus auf das gefrorene Meer und hinein in die unwirklich schöne arktische Natur. Die Skier gleiten gut auf dem eisigen Untergrund mit pulvriger Schneeauflage. In der Ferne blinkt Land, das nie begangen wurde. Tausende Kilometer unbewohnter Küstengebiete. Nordische Landschaft, unermesslich, unberührt, einmalig. Eisgipfel und Schneeberge, die alpine Dimensionen erreichen. Jahrtausendealtes Eis, ständig in Bewegung, bizarr und fantastisch. Eingefrorene Eisberge von atemberaubender Schönheit säumen die «Loipe»: Gebirge im Meer, wohnblockhoch, städtegroß, winzig, in allen Formen und Größen. Farbsymphonien in Blau, Türkis, Weiß, Grau, Schwarz und Rosa, matt und durchsichtig wie Glas.

Nur das Hecheln der Hunde und das Rattern der Schlittenkufen auf dem Eis unterbricht diese glasklare Stille. Zwölf perfekt geschwungene Hundeschwänze bezeugen, dass der «Motor auf allen Zylindern gut läuft». Und wir rümpfen auch nicht die Nase über die «Auspuffgase». Bei einer Rast erreicht ein amouröses Abenteuer mitten im Gespann seinen fleischlichen Höhepunkt, ohne erkennbaren Verdruss des Nebenhundes.

Der unersetzliche Schlittenhund

Mit ihren Hunden verbindet die Inuit eine unsentimentale Beziehung. Während der ersten vier Monate werden die Welpen sorgsam aufgezogen und sogar für die Kinder zum Spielen mit ins Haus genommen. Danach leben sie nur noch im Freien und müssen sich ihr Futter im Schlittengespann hart erarbeiten. Um die jungen Hunde auszubilden, lässt man sie auf längeren Strecken an der Seite der erfahrenen Hunde laufen. Während dieser Zeit lernen sie, der Peitsche und den Kommandos zu gehorchen, und finden ihren Platz in der Rangordnung. Schwache oder schwer erziehbare Tiere werden getötet. Mit sieben Monaten kommen sie ins Geschirr, und dort bleiben sie bis zum Ende ihres Lebens. Trotz des Motorzeitalters gibt es auf der Insel noch etwa 15000 Schlittenhunde, die für Jagd, Fischerei und Tourismus eingesetzt werden und eine alternative Existenz erhalten helfen.

Grönlandhunde werden selten älter als acht Jahre, dann sind ihre Lungen durch die eiskalte Luft verbraucht. In dieser Zeit legen sie Tausende von Kilometern zurück. In der rauen Natur ist ein Hundeteam noch immer das verlässlichste Transportmittel. Ein Gespann, das je nach Geschick und Wohlstand des Besitzers fünf bis fünfzehn Hunde stark ist, ist nach wie vor der wertvollste Besitz eines jeden Jägers. Der Schlittenführer dirigiert sie mit der bis zu acht Meter langen Peitsche und ruft dazu «ILI, ILI, ILI, ILI» für rechts, «IU, IU, IU, IU» für links.

Nathaniels lang gezogenes «HOOO» bringt den Schlitten knirschend zum Stehen. Der Inuk bückt sich, zieht den dicken Fausthandschuh aus und fährt mit den Fingern einer Kontur im Schnee nach. «Nanooq», murmelt er. Wir erkennen die

Hundeschlittentouren in Grönland

In Sisimiut, Aasiaat, Qasigiannguit, Qeqertarsuaq, Ilulissat, Uummannaq und Tasiilaq werden von März bis Mai Hundeschlittentouren von den lokalen Fremdenverkehrsvereinen (Turistkontor) vermittelt. Vom Stundenausflug bis zur Expedition ist alles möglich. Das Preisniveau liegt etwa zwischen 1000 DKK für einen dreistündigen Ausflug und 2000 DKK für eine ganztägige Tour. Oft kann auch Ausrüstung gemietet werden.

Am eingefrorenen Eisberg sieht man, dass er seine Lage im sommerlichen Meerwasser mehrfach änderte. Eisberge sind instabil und wechseln ihre Position ständig. Die Riefen im Eis sind Brandungslinien (oben). Wir sind im Takt, im Gleichklang mit der unberührten Natur, sind eins mit dem Schnee und den hechelnden Hunden, dem gleißenden Licht (links).

Die Schlittenhunde möchte man am liebsten streicheln. Aber sie sind keine Kuscheltiere (oben). «Wir haben kein Wort in unserer Sprache, das ‹Wildnis› bedeutet. Überall wo wir hingehen, ist unser Zuhause.» Georg Barnaby, Inuk (rechte Seite; oben). Noch immer wird eine jahrtausendealte Jäger- und Fischerkultur von den Grönländern gelebt: Heilbutt und Robben werden im Eismeer «geerntet» (rechte Seite; unten).

Vorangehende Doppelseite: «Gebt mir Winter, gebt mir Hunde. Alles andere könnt ihr behalten.» Knud Rasmussen, grönländischer Polarforscher.

tiefen, vielleicht zwanzig Zentimeter langen Tatzenabdrücke: Hier ist vor Kurzem ein Bär gelaufen. Mehr als ein Dutzend Eisbären werden jährlich in der Arktis in Notwehr getötet. Wenn sie hungrig sind, haben sie nur eines im Sinn: Töten und Fressen. Ein Mensch ist dabei eine leichte Beute und willkommene Abwechslung.

Wir rasten im Windschutz einer Eisrippe. Thomas greift zum Gewehr, hängt das Fernglas um und klettert auf die blau schimmernden Eisaufwürfe. Lange sucht er den Horizont ab. Wo ist Nanooq? Der Bär ist der «Königsfang» für jeden Inuk. Eisbären können bis zu einer Tonne schwer werden. Ein ausgewachsenes Tier frisst jährlich bis zu achtzig Robben. Seit 1973 ist der Eisbär dank internationaler Regelungen in fast der gesamten Arktis geschützt. Aber Inuit dürfen das größte Landraubtier der Erde in begrenztem Maße jagen.

Im Fangsthus

Müde erreichen wir mit den Strahlen der untergehenden Sonne unser Biwak. Das Fangsthus, eine Jagdhütte, ist ein primitiver Holzverschlag, in dem wir kochen – geschlafen wird in Zelten. Der Primus-Kocher summt, und alle freuen wir uns auf heißen Tee, Suppe, Trockenmenüs und Pemmikan, die kalorienreiche Fleisch- und Fettnahrung der Eskimos. Nachts fegt bunter Arktiszauber über den blauschwarzen Sternenhimmel. Wir bewundern die Schleier des Nordlichts, die sich geheimnisvoll tanzend am dunklen Himmel bewegen.

Der nächste Tag ist wieder strahlend schön. Durch die Entdeckung der «Schlepplifttechnik» erreichen wir eine enorme Erhöhung der Geschwindigkeit. Jeweils drei von uns hängen sich mit Stricken an einen Schlitten und lassen sich ziehen – das etwas andere Skijöring. Am Anfang gibt es einige kapitale Stürze. Denn wir fahren ja nicht auf einer glatten Eisbahn, sondern werden vom Schlitten auf manchmal halsbrecherischem Terrain gezogen.

So überqueren wir den Sermiligaaq-Fjord und erreichen am Abend das gleichnamige Dorf, das von Jägern und Fischern bewohnt wird und sich unter steile Berge duckt. Der dänische Dorflehrer ist froh über die Abwechslung und stellt uns seine Schule mit Küche und Kirche zur Verfügung. Kinder lachen uns an, Jäger nicken anerkennend, Frauen betrachten uns lächelnd. Grönländer sind unbefangen und fröhlich, ihre Gastfreundschaft ist beispielhaft. Die Iglu-Zeit jedoch ist vorbei. Auch in Grönland wohnen die Menschen in Häusern.

Sermiligaaq bedeutet «Wo die Eisberge herkommen». Es ist ein Platz mit einer Kulisse von kaum vergleichbarer Schönheit: Im Licht der niedrig stehenden untergehenden Sonne leuchten die Berge rund um den Fjord pastellfarben auf. Die Stimmung der Arktis, die Farben und die Landschaft haben sich unserer Sinne bemächtigt. Wir fühlen uns vollkommen weltfern. Neugierige Kindergesichter drücken sich an die Fenster «ihrer» Schule und beobachten unser Tun. Treten wir hinaus in die eisige, klare Luft, hängen sich die Kleinen ungeniert an uns, in unverständlichem Inuktitut versuchen sie mit uns zu kommunizieren. Oder sie stehlen lachend unsere Skier und versuchen zu laufen.

Weiter geht es durch die Fjorde und das Inselgewirr. Am Knud-Rasmussen-Gletscher schießen wir spektakuläre Bilder unter der Abbruchkante. Rasmussen war ein berühmter Polarforscher. Da seine Großmutter Grönländerin war, beherrschte er nicht nur die Sprache, sondern ihm war auch der Umgang mit Hunden vertraut, und er kannte die Überlebenstechniken der Eskimos. Berühmt ist seine «literarische Grönlandexpedition», die ihn mit Hundeschlitten in den unerforschten Norden der Insel führte.

Qamutik – der Schlitten

Als das Thule-Volk um 1000 n.Chr. in Nordgrönland einwanderte, war es mit seinen Kenntnissen allen anderen Kulturen überlegen, was vor allem auf den Gebrauch des Hundeschlittens zurückgeführt wird, mit dem man 80 Kilometer am Tag zurücklegen konnte. Der Schlitten hat sich in den letzten 1000 Jahren kaum verändert. Zwei vorne hochgezogene Holzkufen werden durch eine Reihe von Querlatten mit Riemen oder Schnüren (nicht mit Schrauben oder Nägeln!) verbunden, die dem Gefährt eine unwahrscheinliche Stabilität und Flexibilität auf dem Raueis und im Gelände geben.

Hunde haben die Polargebiete erobert

Nach abenteuerlichen Tagen starten wir in einer Schleife wieder Richtung Kap Dan. Die märchenhafte Kulisse der eingefrorenen Eisberge ist nun vertrauter. Wir begegnen anderen Schlitten, die von Sermiligaaq nach Tasiilaq unterwegs sind, um die geangelten und tiefgefrorenen Heilbutte zu verkaufen.

Die Biwaks stehen inzwischen schnell. Im Nu sind die Zelte aufgebaut, und in einer vom Kocher aufgeheizten Hütte diskutieren wir die eindrucksvollen Tage. Jetzt kann auch unser Jüngster darüber lachen, dass er einmal bis zu den Hüften ins Eis einbrach. Schreckensbleich und mit einem Kälteschock wurde er dann von einem der Inuit auf den Schlitten gezogen. Unsere einheimischen Begleiter hatten nicht umsonst eindringlich vor dem Verlassen der Schlittentrasse gewarnt!

In der Dämmerung füttern wir die Hunde, die müde und zufrieden an ihrer Kette liegen. Nathaniel schlägt mit einer großen Axt aus einem hart gefrorenen Seehundschlegel faustgroße Stücke. Sofort entsteht eine wüste Rauferei. Der Sieger schlingt das steinharte Fleisch unzerkaut hinunter.

Die Jäger des hohen Nordens

Peng! Der überraschende Knall des Schusses zerreißt die Stille. Das Wasser des Eisloches mit einem halben Meter Durchmesser färbt sich rot. Der Inuk greift blitzschnell zu einem Stock mit einem eisernen Haken und haut ihn ins Wasser mit den purpurfarbenen Eisstücken. Mit einem Ruck zieht er einen eineinhalb Meter langen Seehund auf das Weiß des Schnees. Es sieht aus wie eine Geburt aus dem Eis. Der Jäger zieht sein Messer aus der Scheide. Innerhalb weniger Minuten wird aus dem kompakten Tier eine portionierte, tiefkühlbereite Ansammlung von Fleischpaketen. Es muss geschwind gehen, damit der tote Körper nicht gefriert. Wir akzeptieren diese schnelle Jagd und die Erklärung der Inuit: «Bei euch geht man auf die Felder und sammelt Kartoffeln. Wir ernten Seehunde.»

11 Tunu, Ostgrönland

Anreise: Von Island mit Turboprop mehrmals wöchentlich nach Kulusuk, dem zentralen Flughafen an der Ostküste auf der Insel Kap Dan. Das gleichnamige Dorf ist nur eine Gehstunde entfernt. Kulusuk wird auch von Kangerlussuaq an der Westküste angeflogen.

Beste Reisezeit: Mitte März bis Ende April, oft stabiles Wetter. Die Temperaturen liegen durchaus bei minus 20 °C. Die schönsten Tage sind im Mai, aber dann kann das Eis schon brüchig werden. Der Sermiligaaq-Fjord kann im Zeichen der Klimaveränderung im Winter unpassierbar sein. Dann treibt man sich mehr in den engen Fjorden herum. Auf der empfohlenen Route, die verändert werden kann – und wegen der Eisverhältnisse vielleicht auch geändert werden muss –, etwa 7 Tourentage.

Anforderungen: Gute körperliche Verfassung, um täglich sechs bis acht Stunden zu laufen. Die Tagesleistungen der empfohlenen Route liegen bei 25 bis 30 km. Die Hunde, je Schlitten zehn bis zwölf, ziehen das Gepäck. Und eventuell auch den müden Skitouristen. Auf zwei bis drei Läufer kommt ein Schlitten, der von einem erfahrenen Inuk gesteuert wird. So anstrengend eine Fahrt durch bergiges Gelände sein kann, so entspannend ist es, über gefrorenes Meer zu gleiten. Achtung: Die Missweisung liegt bei etwa 37° West.

Übernachtung: Mehrere ordentliche Hotels in Tasiilaq. Im Dorf Kap Dan gibt es zwei Hütten, die von Touristen benutzt werden können. Zelten überall möglich. Auf der Tour Zeltbiwaks, manchmal auch in «Jagdhütten» – das sind Bretterverschläge, auf den Karten als «Fangsthus» eingezeichnet. In den Dörfern Übernachtungen in Schulen oder Gemeindehäusern nach Rücksprache möglich. Vorher mit dem Turistkontor in Tasiilaq abklären.

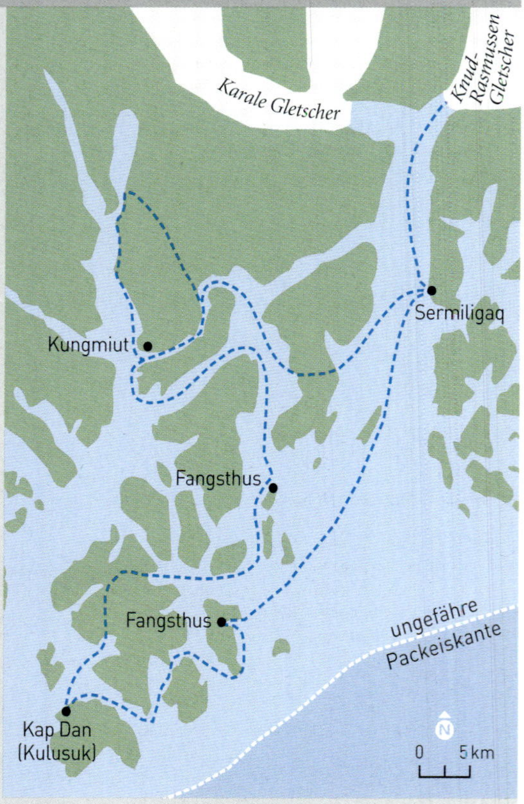

Ausrüstung: Cross-Country-Skier mit Schuppen sind besser geeignet als schmale Langlauflatten. Sehr warme Schlafsäcke. Campingausrüstung kann von den Führern eventuell gestellt werden.

Informationen: www.visitgreenland.de/content/deutsch/touristen/orte_regionen/ostgronland

Karten: 1:1 000 000, 2085 Angmagssalik; 1:250 000, 6501 Angmagssalik.

Den Inuit – Menschen, wie sie sich in völliger Nichtbeachtung der übrigen Welt bezeichnen – war der Seehund ein und alles. Fast nur mit diesem Tier haben sie ihren Bedarf an Nahrung, Brennstoff, Kleidung und Werkzeugen gedeckt. Niemandem hat es an etwas gefehlt, solange es Robben gab – sie kannten weder Skorbut noch Hunger noch Krankheiten. Dieser archaischen Kultur ist man in Tunu näher als im restlichen Land. Die Ostgrönländer respektieren, lieben – und töten den Seehund. Sein Tod ist nützlich, auch heute noch. Er bedeutet Wärme, Nahrung und Kleidung. Wen diese ehrliche Lebensweise schockiert, der hat nichts in der Arktis zu suchen!

Weiter geht es, Land ist nicht mehr zu sehen. Ist es nur die Sonne, nach der sich Tobias orientiert? Die Meinung eines Kenners klingt im Ohr: «Inuit brauchen keinen Kompass. Die haben hier oben einen Computer.» Mit dem Finger tippte er sich auf die Stirn und spielte so auf das überragende Orientierungsvermögen der arktischen Ureinwohner an.

Die Schlitten scheinen in die Sonne hineinzugleiten. Südwärts, heißt die Devise. Es ist, als spürten die Hunde das Ende der Reise, so mächtig legen sie sich noch einmal ins Zeug. Sie geben uns aber keine Gelegenheit, ihnen näher zu kommen. Die halbwilden Huskys, das haben wir gelernt, sind keine Kuscheltiere.

Schlittenführer Tobias schießt eine Robbe, die sich unvorsichtig bei einem Atemloch auf dem Schnee sonnt. Das Hundefutter für die nächsten Tage ist gesichert. Wir laufen auf ebenen Schollen durch federleichten Pulverschnee und bewundern die vorbeigleitende Landschaft in ihrer klaren und kalten Schönheit.

Immer noch ist das Wetter schön, die Sonne hat zusehends an Kraft gewonnen. Grönlands Klima ist arktisch. Doch selbst in der Wintersaison schaut man staunend auf das Thermometer, das tief unter null gesunken ist, und wundert sich, dass man die Kälte so wenig fühlt. Die sehr trockene Luft lässt die Temperaturen um etwa zehn Grad Celsius wärmer erscheinen, als sie tatsächlich sind.

Wir sind endgültig «reif für die Insel». Willkommen in der warmen Arktis.

Text: Ingrid Ferschoth-Vogeley

Die grönländische Ostküste hat ein fast unerschöpfliches Reservoir an unbestiegenen Bergen und unbegangenen Tälern – Neuland für Generationen von Trekkern.

Laugavegur – Weg der heißen Quellen | 12

Durch die schönsten Landschaften der Insel aus Feuer und Eis

Der Welt größte Vulkaninsel platzt schier vor Naturwundern. Der Trek von Landmannalaugar im unbewohnten Hochland nach Þórsmörk ist der schönste und typischste der Insel und einer der Top-Trails der Erde. Bunte Rhyolith-Berge und fauchende Solfataren, schwarze Wüsten und glitzernde Eiskappen, tiefe Schluchten und reißende Bäche – ein «sprichwörtliches» Feuerwerk. Der Klassiker unter den isländischen Trekkingtouren führt durch die Berge des Fjallabak. Ein Abenteuertrekking durch die Genesis, irgendwie riecht es überall nach Hölle.

Landmannalaugar. Die «heißen Quellen der Landmänner» dampfen, als wir die Rucksäcke schultern und durch glänzend schwarze Obsidianlava aufwärts ziehen. Am Fuße der Brennisteinsalda überbietet ein Spektakel das andere. Farbenprächtige Bergrücken leuchten im Sonnenlicht auf. Weiße Altschneefelder und moosbewachsene, tiefgrüne Hügel bilden einen starken Kontrast. Schwefelgestank foltert unsere Nasen, aus gelben Schlammkesseln faucht Dampf. Neben Schneefeldern brodeln heiße Solfataren. An der heißen Quelle Stórihver fauchen Dampfsäulen aus dem sprudelnden Wasser. Der Urzustand der Erde hautnah. Es ist heimelig warm.

Dann ein überraschender Szenenwechsel. Die knallbunten Rhyolith-Berge weichen den für das Gebiet von Emstrur charakteristischen Palagonit-Kegeln, einem gelblich-braunen Gesteinsglas aus basaltischer Lava.

Durch die Hölle

Bis weit in den Sommer hinein sind viele der heißen Quellen von Schneeschichten bedeckt. Diese Brücken aus Eis meiden wir wie der Teufel – der hier zu Hause sein könnte – das Weihwasser. Bricht man ein, ertrinkt man erst und wird dann noch gar gekocht. Wir wandern in einer geothermisch höchst aktiven Zone. Es blubbert, dampft und faucht am Wegrand aus Geysiren, Fumarolen oder Solfataren.

Die hölzernen Wegweiser leiten uns zum Kaldaklofsfjöll zu einem phänomenalen Aussichtspunkt an einer Plateaukante. Wir erkennen den Álftavatn, den «Schwanensee», unser Tagesziel. Im tiefblauen Auge schimmern weiße Wattewolken, und mächtige gelbe Palagonit-Pyramiden spiegeln sich. Ein exzentrisches Naturgemälde in der Sandwüste Emstrur.

Die Wüste Landmannalaugar läuft in einem beeindruckend grünen Tal aus (linke Seite). Zehn Jahrhunderte Reinzucht schufen das Islandpony, ein starkes, kräftiges Pferd, auf das sich der Reiter in jeder Situation verlassen kann. Seine einzigartige Gangart, der Tölt, machte das Pferd weltberühmt und bietet sich für ein Reit-Trekking durch die isländische Natur an (oben).

Was ist eigentlich …

Rhyolith ist ein vulkanisches Gestein, reich an Quarz, und entspricht in seiner chemischen und mineralogischen Zusammensetzung Granit. Wird auch Liparit genannt.
Solfatare ist ein Bereich, in dem im Zusammenhang mit Vulkanismus meist heiße Gase – oft unter Blasenbildung – aus der Erde austreten.
Obsidian ist ein natürlich vorkommendes, vulkanisches Gesteinsglas.
Geysir ist eine heiße Quelle, die ihr Wasser in regelmäßigen oder unregelmäßigen Abständen als Fontäne ausstößt.
Fumarole sind Dampfaustrittsstellen im Bereich von vulkanisch aktiven Gebieten, aus denen Wasserdampf und auch vulkanische Gase austreten.
Palagonit ist ein gelblich-braunes Gesteinsglas, das aus Lava entstanden ist.
Lava ist die Bezeichnung für eruptiertes Magma, das an die Erdoberfläche ausgetreten ist.
(unter Verwendung von wikipedia.de)

Papageientaucher brüten in Erdhöhlen auf unzugänglichen Klippen (rechts). Trekken, wo die Erde jung ist: Es dauert nur wenige Jahrzehnte, bis auf erkalteter Lava fruchtbare Böden und damit neuer Lebensraum für einen erst zaghaften, dann üppigen Pflanzenwuchs entstehen (rechte Seite).

Thor war zornig. Der Donnergott schwang seinen Hammer gegen den Riesen Hrungnir. Und weil der glaubte, Thor wolle ihn erschlagen, legte er seinen gewaltigen Schild auf die Erde und stellte sich darauf. Daraus entstand der Sage nach der mächtige Schildgletscher des Mýrdalsjökull, der in der Ferne blinkt. Unter seiner Eiskappe verbirgt sich der unberechenbare Vulkan Katla.

Nasse Füße sind unausweichlich. Bei niedrigem Wasserstand sind die zahlreichen Bäche mit gekonntem Sprung und etwas Balance auch trockenen Fußes zu überwinden. Heute ziehen wir die Trekkingstiefel aus, die Watschuhe an und krempeln die Hosen hoch. Ein wenig mehr Vulkanismus wäre jetzt nicht schlecht, denn das brausende Wasser des Bratthálskvísl ist schneekalt.

Angelika empfängt uns

Die Schlucht Hvanngil, zu Deutsch «Engelwurzschlucht», wird so genannt wegen des hier reichlich sprießenden Doldenblütlers, auch Angelika genannt. In der Nähe stehen zwei Hütten mit einer großen Campingarea beim Lavafeld Hvanngilshraun.

Komfortabel überqueren wir den Fluss Kaldaklofskvísl auf einer kleinen Brücke. Aber wenig später, am eisigen Bláfjallakvísl, heißt es schon

Der Weg der heißen Quellen

Der Laugavegur («Weg der heißen Quellen») ist der berühmteste Trekkingweg auf Island. Er führt über 54 km von Landmannalaugar nach Þórsmörk. An seiner höchsten Stelle erreicht er bei Hrafntinnusker 1050 m. Man kann die Tour über den Pass Fimmvörðuháls an die Küste nach Skógar verlängern – dies ist seit den spektakulären Ausbrüchen des Eyjafjallajökull mit seinen den Flugverkehr lähmenden Aschewolken im Jahr 2010 schwieriger geworden. Der aktuelle Zustand am Fimmvörðuháls sollte vor einer Tour beim Fremdenverkehrsamt oder bei isländischen Wandervereinen erfragt werden. Empfehlenswert ist die Nord-Süd-Richtung. Dann hat man immer die Sonne im Gesicht (wenn sie denn scheint). Die gut markierte Wanderung dauert vier Tage. Oder einen Tag mehr über den Pass Fimmvörðuháls nach Skógar (plus 23 km).

1. Tag: Von Landmannalaugar führt der Trail auf ein dunkles Obsidian-Lavafeld, überquert dieses und steigt vom Fuß der Brennisteinsalda zunächst zwischen Solfataren, später über ausgedehnte Altschneefelder zum höchsten Punkt Söðull an. Die Hrafntinnusker-Hütte liegt etwas unterhalb der Passhöhe auf der anderen Seite. 11 km.

2. Tag: Zunächst geht es im leichten Auf und Ab bis zum Aussichtspunkt oberhalb der Jökultungur und nach einem steilen Abstieg und einer kleinen Furt weiter zur Álftavatn-Hütte am gleichnamigen See. 11,5 km.

3. Tag: Zwischen verwitterten Palagonit-Bergen schlängelt sich der Weg nach Hvanngil (Hütte), folgt dann einer Piste durch die Wüste nach Emstrur. Dieser lange, aber erholsame Abschnitt bietet schöne Ausblicke auf die Eiskappe Mýrdalsjökull. Bei stürmischem Wetter ist von einer Durchquerung der schwarzen Sandwüste abzuraten. 16 km.

4. Tag: Nach einem steilen Abstieg zum Gletscherfluss Fremri-Emstruá (Brücke) geht es parallel an der imposanten Schlucht Markarfljótsgljúfur allmählich abwärts. Nach der Furt durch den reißenden Gletscherfluss Þröngá durch Birkenwälder weiter nach Þórsmörk. 17 km.

Die Hauptstadt Islands ist Reykjavík. Der Name bedeutet «Rauchbucht», in Anlehnung an die vielen heißen Quellen dieser Gegend. Es ist die am nördlichsten gelegene Hauptstadt der Welt (oben). Hunderte Wasserfälle dominieren das Landschaftsbild der Insel: Island birgt einen unermesslichen Reichtum an unangetasteter Landschaft – eine Trekking-Welt zwischen Eis und Heiß (rechte Seite; oben). Das Eis am größten See Islands, dem Jökulsárlón, ist vom Sand der Lava gezeichnet, die der Gletscher von den Bergen transportiert (rechte Seite; unten).

Vorangehende Doppelseite: Der Farbenreichtum des Ergussgesteins Rhyolith (auch Liparit genannt) prägt die fantastische Landschaft der Landmannalaugar.

wieder die Hosenbeine hochrollen, eine sehr erfrischende Abwechslung. Wir wählen eine Furt an der breitesten, am weitesten verzweigten und damit sicheren Stelle.

Die Durchquerung der kohlrabenschwarzen, bizarren Sandwüste Emstrur erscheint endlos, hält aber spektakuläre Aussichten auf das Eis des Mýrdalsjökull bereit. Bei hohen Windstärken ist hier kein Weiterkommen, wenn die feinen Körner wie ein Sandstrahlgebläse über das mondähnliche Plateau fegen und selbst die widerstandsfähigste Outdoor-Kleidung zerfetzen.

Das graue Wildwasser des Innri-Emstruá wird von senkrechten Schluchtwänden gebändigt. Der skurril geformte Berg Einhyrningur, das «Einhorn», grüßt in der Ferne. An Ketten und fixen Seilen turnen wir zu einer Brücke über den Canyon des Fremri-Emstruá und folgen später der gewaltigen Markarfljótsgljúfur, der Schlucht des Waldflusses.

Langsam verlieren wir an Höhe und tauchen in eine farbige Blütenwelt ein. Im Birkenwald der grünen Oase Þórsmörk lassen wir die Rucksäcke ins Gras fallen. Neben den zahlreichen Touristen mit ihren Daypacks kommen wir uns vor wie Wander-Dinosaurier. Wir haben in die Eingeweide unseres Planeten geblickt und die Schöpfungsgeschichte auf einem urweltlichen Abenteuertrekking durchwandert.

12 Laugavegur, Island

Anreise: Flug nach Reykjavík/Keflavík. Von Mitte April bis Ende September fährt auch eine Autofähre einmal pro Woche von Dänemark nach Ostisland (Seyðisfjörður). Von Mitte Juni bis Mitte September tägliche Busverbindungen von/nach Reykjavík–Skógar–Þórsmörk–Landmannalaugar.
Beste Reisezeit: Mitte Juni bis Mitte September. Ab Ende August werden Bus- und Bootsverbindungen stark reduziert und teilweise sogar ganz eingestellt.
Charakter: Mystisches Wandertrekking durch eine aktive Vulkanlandschaft. Einer der schönsten, aber auch einer der berühmtesten Treks der Erde und deshalb frequentiert. 4 Tage, 55 km, 1080 Höhenmeter bergauf, 1460 Höhenmeter bergab.
Anforderungen: Mittelschwer, keine besonderen technischen Schwierigkeiten. Wegen der guten Markierung und Ausschilderung kaum Orientierungsprobleme. Ein gewichtiger Rucksack will getragen sein. Vorsicht beim Durchwaten der Flüsse, die bei warmem Wetter (Gletscherflüsse) oder starkem Niederschlag rasch anschwellen und sogar unpassierbar werden können. Wer die alpine Etappe bis Skógar weitertrekkt, braucht Schwindelfreiheit und unbedingt Trittsicherheit.
Übernachtung: In Reykjavík Hotels, Pensionen, Jugendherberge. Entlang des Treks Wanderhütten des Isländischen Touringclub (Ferðafélag Íslands). Im Hochsommer oft ausgebucht, sodass gezeltet werden muss. Verpflegung muss mitgenommen werden, die Küche in den Hütten kann benutzt werden.
Ausrüstung: Großer Rucksack mit kompletter Campingausrüstung und Verpflegung für mehrere Tage. Beste Schlechtwetterkleidung für Temperaturen bis 0 °C und Sturm, Nässe, Schneetreiben.
Informationen: «Island: Trekking-Klassiker», ISBN: 978-3-86686-289-0. de.visiticeland.com.
Karten: Mál og Menning, Sérkort 4: Landmannalaugar – Þórsmörk – Fjallabak, 1:100 000. Ferðakort, Sérkort Þórsmörk – Landmannalaugar, 1:100 000.

Svalbard | 13

Polartrek durch Europas größte Wildnis

Spitzbergen ist ein einzigartiger Archipel: Berge und Gletscher formen eine «Antarktis en miniature», roh, wild, unbehauen, Natur in klarster Form. Schon der Name klingt geheimnisvoll. Das Klima ist viel milder, als die hohe Breite vermuten ließe. Das Dickson Land gehört zum schönsten Teil von Svalbard, wie die Inseln von den Wikingern bezeichnet wurden. Das bedeutet «Kalte Küste». Spitsbergen, wie es die Norweger nennen, liegt zwischen dem 77. und 80. Breitengrad, nicht mehr weit vom Pol entfernt. Es beherbergt das größte Naturschutzgebiet Europas.

Nur wenige Trekker kennen diese spektakuläre Natur von urzeitlicher Kraft mit ihrer Gipfelwelt aus eigenem Erleben, dabei ist sie ein fast unendliches Gebirge.

Schon während des Fluges über die schier unendliche Gletscherwelt erliegt man der Magie hoher Breiten. Das Flugzeug landet in tagheller Mitternachtssonne auf dem nördlichsten Linienflughafen der Welt, dem Lufthavn Longyear. Zum Zeltplatz von Longyearbyen mit dem ungewöhnlichen Fjord-Panorama und den mächtigen Tafelbergen sind es nur wenige Meter. Wir schlendern durch die kleine, moderne Stadt und besuchen das Polarmuseum, in dem die dramatische Erkundungsgeschichte visualisiert ist. Die Berg- und Gletscherwelt nahe der Stadt erkunden wir auf einer ersten Wanderung. Die Temperaturen liegen bei erstaunlichen 16 °C. «Schuld» ist der «Ofen» Golfstrom.

Letzte Vorbereitungen: Packen, Kochertest, Gewehr leihen, Probeschießen… Die Herausforderung Wildnis lockt. Christiane Ritter schrieb treffend: «Die Arktis ist die Zone der Welt, wo der Himmel die Erde berührt. Nicht jeder verträgt das grelle Licht, nicht jeder die Einsamkeit.»

Im Billefjorden

Kreischende Seevögel begleiten das Schiff, während es an steilen Wänden durch den eindrucksvollen Fjord tuckert. Hier herrscht eine wilde Natur. In der winzigen Geisterstadt Pyramiden verlassen wir das Touristenschiff und hieven unsere schweren Rucksäcke von Bord. Bis vor einigen Jahren schürften russische Bergleute hier nach altem Recht auf norwegischem Territorium Kohle. Taghell ist es zur Geisterstunde, als wir zum 935 Meter hohen gleichnamigen Berg aufsteigen. Die gewaltige Gletscherbruchkante des Nordenskiöldbreen (Breen = Gletscher) blinkt herüber. Der Gipfelaufbau erfordert nur leichte Kletterei, trotzdem scheitere ich im vereisten Kamin wenige Meter unter dem höchsten Punkt. Egal: Um drei Uhr nachts staunen wir über die grandiose Aussicht in perfektem Fotolicht: tief unten der glitzernde Fjord, weiß die Gletscher, rotbraun und schwarz die Berge. Die Frage, ob es nun sechs Uhr morgens oder abends ist, wird so unerheblich wie das Bedürfnis nach Schlaf.

Die Wildniswanderung im Dickson Land ist lang und fordert den Pfadfinder. Die großartige Ödnis ist für zehn Tage unser Trekkingrevier unter der Mitternachtssonne. Weite, wüstenartige Täler, mäandernde Ströme und grün schimmernde Gletscher in arktischer Tundra wollen wir erleben. 25 Kilometer folgen wir dem Munindalen (Dalen = Tal) und später dem Hugindalen, queren Bäche und steigen über spaltenarme Gletscher bis zum Dickson-Fjord. Dieses Land gehört zum Schönsten, was Svalbard zu bieten hat, und schenkt auf Schritt und Tritt das Gefühl, als einziger Mensch auf Erden zu wandeln.

Die Tage werden länger, das Licht kommt nach einer langen Winternacht zurück. Es dauert nicht mehr lange, bis der Billefjorden eisfrei ist und die Schifffahrt ins Dickson Land ermöglicht (linke Seite). Walrosse können über eine Tonne schwer werden. Die Hauer dienen der Verteidigung und um am Meeresgrund nach Muscheln zu «pflügen». Für den Kajak-Trekker stellen die angriffslustigen Bullen eine ernste Gefahr dar (oben).

Im Dickson Land findet man eines der schönsten und am besten zugänglichen Trekkinggebiete in Spitzbergen. Arktis pur ist garantiert (rechts). Die Plateauberge sind ein Kennzeichen Spitzbergens (rechte Seite; oben). Vor der Abbruchkante des Nordenskjöldbreen wird das Schiff dramatisch vom spitzbergentypischen «Spotlight» angestrahlt (rechte Seite; unten).

Seltsame Plateauberge

Noch viele der unzähligen Berge sind unbestiegen. Auf schwarzen Gipfeln zu stehen, macht den Reiz Spitzbergens aus – vom Meer zum Meer. Wir fühlen uns wie die Pioniere. Das Leben läuft nach Art der Trapper und Polarforscher ab. Polarfüchse, Rentiere und Vögel sind die einzigen Lebewesen, die wir sichten. Triungen, 800 Meter, und Lykta, 854 Meter, erklettern wir weglos. Wir spuren über den dicken Meereisdeckel der Fjorde und steigen auf Aussichtskanzeln mit gewaltiger Rundsicht. Und kommen uns winzig vor unter den Kristallwänden urzeitlicher Gletscher.

Der Wechsel zum Camp am Aalandsvatnet (Vatnet = See) ist satte 22 Kilometer lang. Wir wandern das Nathorstdalen hinauf und stolpern über verblockte Moränen. Atemberaubend ist der Blick auf die gigantische Eiswelt des Mittag-Leffler-Breen mit seiner dreißig Meter hohen Abbruchkante – Arktis pur, ein landschaftlicher Höhepunkt.

Hier «oben» ist man in der Mitternachtssonne zeitlos, schwebt lichttrunken durch den ewigen Tag, hervorgerufen durch eine Sonne, die vom 19. April bis zum 23. August durch alle Himmelsrichtungen zieht. In grandioser Urnatur stehen die Zelte inmitten eines Chaos aus Wasser, Moränen und Schwemmsand, eingerahmt von zahllosen Gipfeln. Drei Tage lassen wir uns Zeit, diese arktische Welt zu erkunden, in einem der letzten

Der Eisbär – eine perfekte Tötungsmaschine

Den nur 3000 Einwohnern auf Svalbard stehen genauso viele Eisbären gegenüber. Ein Gewehr ist auf jedem Trekking ein Muss – auch bei jeder kleinen Wanderung im Umkreis von Longyearbyen. Eine Warnanlage mit Stolperdraht für die Biwaks wird dringend empfohlen. Der König der Arktis kennt keine Feinde, hat einen hervorragenden Geruchssinn, sieht schlecht, ist neugierig – und hat immer Hunger!

Trekken in Svalbard bedeutet auch, sich mit gewichtigen Rucksäcken anzufreunden (oben). Das Schneehuhn passt jahreszeitlich sein Gefieder der Farbe der Umgebung an. Im Winter ist dies – natürlich – Weiß (unten).

Abstieg vom Gipfel des Pyramiden gegen Mitternacht zum Billefjorden (rechts). Die Flora auf etwa 78 Grad Nord ist bescheiden. Aber für einige Sommerwochen erwacht eine schüchterne, farbige Pflanzenwelt (rechte Seite; unten).

Verlässt man die Grenzen Longyearbyens, ist das Gewehr ein Muss. Selbst wenn es nur eine Biketour im Stadtbereich ist (oben). Kaum zu glauben: Mitten in der eisigen Wildnis hat der winzige Zivilisationspunkt Longyearbyen mitteleuropäischen Standard zu bieten (rechte Seite; oben). Fjorde und Gletscher dominieren Spitzbergens Charakter. Weit nördlich des Polarkreises ist mehr als die Hälfte des Landes mit Gletscher bedeckt (rechte Seite; unten).

ursprünglichen Wildnisgebiete der Erde, begleitet von kreischenden Möwen, die hier die Lufthoheit haben und über Eishängen und Klippen segeln. Einsame Berge, gewaltige Gletscher und tiefe Fjorde sind das «Arbeitsgebiet». Während Odellfjellet, 962 Meter (Fjellet = Berg), und Trikolorfjellet, 805 Meter, erstklassige Gipfelziele sind, bieten der Cambridge-, der Balliol- und der sechs Kilometer breite Mittag-Leffler-Breen außergewöhnliche Eiswanderungen und spektakuläre Panoramen. Der Rundblick über ein Chaos aus Gletschern, Inlandeis, Bergen und Meer ist überwältigend.

Wir trekken durch wüstenartige Täler, vorbei an mäandernden Strömen und grün schimmernden Gletschern. Immer weg- und pfadlos. Auf dem «Weg» zurück nach Pyramiden queren wir Pässe und klettern wieder auf Berge mit spektakulären Ausblicken.

Über die Hälfte der Svalbard-Inseln sind geschützt, bewohnt von einer reichen Fauna – und manchmal mit einer erstaunlichen Pflanzenvielfalt. Hier ist auch Eisbärenland – das Gewehr drückt auf einem schweren Rucksack. In der Petunia-Bucht sind Eisbären, Rentiere, Füchse, Robben und Tausende Seevögel zu Hause. Wieder leuchtet die breite Front des Nordenskiöldbreen im typischen «Spitzbergen-Spotlight».

Mittags holt uns das Touristenschiff in Pyramiden ab. Während es zurück nach Longyearbyen stampft, machen wir Pläne. Es wird nicht lange dauern, bis wir wieder in Polarregionen trekken werden. Hand drauf!

13 Spitzbergen (Svalbard), Norwegen

Anreise: Via Oslo und Bergen Flug zum norwegischen Longyearbyen. Mit einem der im Sommer mehrmals die Woche fahrenden Touristenschiffe zur aufgelassenen Siedlung Pyramiden.
Beste Reisezeit: Juli, August.
Charakter: Etwa zehntägiges Wandertrekking mit gewichtigen Rucksäcken durch Europas größtes Naturschutzgebiet. Technisch moderates, aber konditionell anspruchsvolles Trekking in immer weglosem Terrain. Ausdauernde Trekker, die sich für ein außergewöhnliches Wildnis- und Bergerlebnis begeistern, finden das Paradies. Nichts für Anfänger! Die einengende Barriere Zeit gibt es nicht. Die Natur diktiert die Tagesleistungen, die Kondition die Etappen. Das exzellente Fotolicht erfordert volle Kamera-Akkus und große Speicherkarten!
Anforderungen: Man wandert in totaler Autonomie. Seit den Zeiten Nansens und Amundsens hat sich fast nichts geändert. 10-stündige Tagestouren können zusammenkommen. Kletterfertigkeiten sind nicht notwendig, dafür aber Trittsicherheit und Gehen mit Steigeisen auf flachen Gletschern. Bachdurchquerungen können heikel sein. Schwere Rucksäcke um 20 kg dürfen kein Problem sein. Für die Touren bis 25 km pro Tag sollte man «ordentlich drauf» sein.
Übernachtung: In Longyearbyen Hotels aller Klassen, Jugendherberge, Campingplatz.
Ausrüstung: Campingausrüstung der besten Sorte, Leichtsteigeisen, Polarkleidung für extremes Wetter, Trekkingstöcke, steigeisenfeste Bergschuhe. Und ein Gewehr pro Gruppe (und man sollte auch damit umgehen können!).

Informationen: «Spitzbergen-Handbuch» von Andreas Umbreit, ISBN 3-89392-084-6.
Wer hilft? Terra Polaris, www.terrapolaris.com, z. B. Nutzung zweier vorhandener Depots, Gewehr, Führer (empfohlen), Eisbärwarnanlage ... Der Eigentümer Andreas Umbreit ist der wohl beste deutschsprachige Spitzbergenkenner.
Karten: Spitsbergen Topokarten 1:100 000, C8 Billefjorden, C7 Dicksonfjorden.

Bergsteigen auf den Lofoten

Wild wie das Meer – frei wie der Wind

14

«Das Lofotgebirge beginnt sich blau zu färben. Ich weiß nicht, was schöner ist – entweder wenn du es in der Ferne liegen siehst wie eine einzige tiefblaue Mauer mit tausend Türmen darauf [...] oder wenn du dich ihr näherst und siehst, wie die Mauer sich öffnet, wie jeder Gipfel ein eigener Berg wird, einer wilder als der andere.»

Bjørnstjerne Bjørnson, 1869

Amphibisches Gebirge in der Urform der Schöpfung

Die Inselberge weit über dem Polarkreis bilden, vom Festland aus gesehen, eine imposante Wand aus zerklüfteten Gipfeln, die steil aus dem Meer aufragen: die berühmte Lofotenmauer. Zum Westen hin sind die Berge mächtige Wellenbrecher gegen die Gewalten des Nordmeeres. Im Winter sind die Eilande die stürmischsten Europas, im Sommer präsentieren sie ihre grandiose Schönheit. Dieses Bergsteiger- und Wanderparadies gilt es aus mitteleuropäischer Sicht noch zu entdecken. Wandern heißt auf den Lofoten, meist weglos in großartiger Landschaft auf anstrengende Entdeckung zu gehen.

Die himmelhohen Wände des Naturwunders Trollfjord lassen Schiffe zu Winzigkeiten schrumpfen (linke Seite). Im Weltkulturerbe Nusfjord genießen Möwen den späten Abend (oben).

Harter Granit auf den Inselbergen über dem Polarkreis

Walter ist ein erfahrener Bergsteiger. Doch trotz des reibeisenrauen Granits hat er den Tritt verloren und liegt kopfunter in einem kleinen Kamin. Der scharfe Fels hat ihm die Haut vom Unterarm gezogen, das Blut läuft in die aufgekrempelten Hemdsärmel. Satte 400 Meter unter uns glänzt golden das Lofotenmeer in der Mittagssonne, senkrecht stürzt eine Wand zur See. Wir helfen dem Kameraden aus seiner prekären Lage. Wieder einmal wird uns klar, dass mit dem nordischen «Märchenland der Lofoten» nicht zu spaßen ist. Wir befinden uns abseits der Zivilisation – wie immer in den vergangenen Tagen. Walter ist hart im Nehmen. Trotz des schlimm aussehenden Armes lässt er sich von der Kletterei auf den Glåmtinden nicht abhalten.

Warm scheint die tief stehende Sonne direkt ins Gesicht. Man staunt über die Milde des Klimas: Der «Ofen Golfstrom» ist «schuld». Auf diesem Breitengrad findet sich sonst viel Eis rund um den Globus: die Gletscherkappe Grönlands, Alaska, Sibirien... Unter einer Polarregion stellt man sich eigentlich etwas anderes vor: Permafrost, Gletscher, Inlandeis, frostigen Wind...

Die Lofoten sind ein Cocktail aus Irland und Schottland, aufgefüllt mit Eismeer, dekoriert mit Dolomiten und Ägäis und durchgeschüttelt vom manchmal unberechenbaren Wetter – oder auch mediterranen Temperaturen. Wir treiben uns auf den fünf Hauptinseln herum und blicken von unseren erkletterten Gipfeln auf weitere fünf Eilande, die – zusammen mit Tausenden von Schären – den wilden Archipel bilden: eine 150 Kilometer lange, ununterbrochene Gipfelkette von kaum beschreibbarer Schönheit. Ein Paradies aus Zinnen, Kämmen, Gletschern, Türmen und Wänden aus stahlhartem Granit. Der höchste Berg, der Higravtinden, kulminiert mit aus alpenländischer Sicht dürftigen 1146 Metern.

Ein fast unberührtes Bergparadies auf den fünf Hauptinseln gilt es zu entdecken. Doch viele der empfohlenen und kartierten «Wege» sind keine. Oft steigt man pfadlos auf irgendeinen fantastischen Aussichtsgipfel. Hier ist der Bergsteiger noch

Selbst kleine Fischersiedlungen haben im ölreichen Norwegen gehobenen mitteleuropäischen Standard (rechts). Abstieg vom aussichtsreichen Mosestinden auf Flagstadøya (rechte Seite; oben). Vom perfekten Strand der Kvalvika-Bucht auf der Insel Moskenesøya kann man Grönland fast sehen. Der Atlantik brandet ungebremst an. Die Lofoten waren ein Machtzentrum der Wikinger, von hier aus wurden die legendären Seereisen gestartet und Amerika 500 Jahre vor Kolumbus entdeckt (rechte Seite; unten).

autark, niemand hat «für ihn gedacht», Farbkleckse angelegt oder Steige gebaut. Weit nördlich des Polarkreises genießt man Berge, saftige Wiesen, staunt über die überwältigend bunte Flora und aalt sich in der Mitternachtssonne. Ein riesiger Naturpark, der Rahmen jedoch ist hochalpin.

Das Inselwetter ist viel besser als sein Ruf

Der Luchsfuß – so die wörtliche Übersetzung von «Lofoten» – ist ein Juwel arktischer Berge in mildester und wildester Form – ungezähmt. Frei wie der Wind kann man die schönsten Berge der Inselwelt besteigen. Hier kann es auch heftig zugehen. Unser Plan war: Das Wetter bestimmt unsere Aktivitäten – und hinter jeder Wolke scheint die Sonne. Doch gnadenlos steht das Gestirn fast 24 Stunden täglich am Himmel, treibt zu immer neuen Touren an und belebt die Fotosynthese, die eine unglaubliche Vielfalt farbenprächtiger Pflanzen hervorzaubert. Das Zeitgefühl schwindet. Die Seele baumelt in einer Art Ausnahmezustand, einer unheilbaren Verzauberung.

Ungläubig misst man satte 28 Grad plus im Schatten. Fast immer ist T-Shirt-Wetter. Wir schwitzen auf 68 Grad nördlicher Breite. Am seidig blauen Himmel schweben ein paar Wölkchen, und laue Luft fächelt von den Wollgrasbüscheln. Im Wettlauf mit der tief stehenden Sonne erobert man von der Eiszeit geformte Täler, geschwungene Fjorde und kühne Gipfel. Die kälteerprobte Polarkleidung bleibt im Rucksack. Trotz bescheidener Höhen – nur wenige Gipfel liegen über der Tausendmetermarke – ist die Szenerie hochalpin, und auch die Höhendifferenzen lassen sich mit Alpenmaßstäben kalkulieren.

Das älteste Granitgebirge der Erde

Dreieinhalb Milliarden Jahre alt sind die Berge zwischen Nordkap und Polarkreis. Immer wieder erstaunt die hervorragende Felsqualität, die manche Bergtour zum Genuss macht. Die Erklärung liegt in der langen Vergletscherung: Die Eiszeit hat die Erosion viele Hunderttausend Jahre gestoppt. Wie ein goldenes Vlies wird das Meer vom Licht überzogen, wenn man in die Rorbuer – das sind renovierte Fischerhütten aus der Blüte des Kabeljaufangs – einzieht. Grellbunt leuchten die Häuser von Henningsvær im Abendlicht, während der mächtige Berg Vågakallen fast tausend Meter darüber kulminiert. Das «Matterhorn der Lofoten» bildet ein gewaltiges Amphitheater.

Die Schifffahrt durch den nur 100 Meter breiten und zwei Kilometer langen Trollfjord im Raftsund – eine Symbiose aus Canyon und Dolomiten mit fast senkrecht aufragenden grauen Wänden – ist schon Vergangenheit. Der 770 Meter hohe Skottinden auf Vestvågøya ist eine einzigartige Aussichtskanzel. Soweit das Auge reicht: Meer- und Bergwildnis. Knut Hamsun bezeichnete seine Heimat als «Segen der Erde». Man beginnt zu verstehen.

Die Südlofoten mit ihren steilen, nadelspitzen Zinnen, umsponnen vom zauberhaften Sonnenlicht, bestimmen den Horizont. Grell schallt das Kreischen der Seevögel herauf: die Unwirklichkeit der Nordlandberge. Am höchsten Punkt lässt man Beine und Seele baumeln und ist verzückt von den gleißenden Inselbergen über dem Polarkreis. Die kühnsten Berge stehen auf der Insel Moskenesøya. Wie in einem dunklen Spiegel ruhen die fantastischen Gipfel im ruhigen, sattblauen Meer.

DAY SUMMIT

Den Abstieg nachts nutzen wir, um in einem Süßwassersee zu baden und uns auf einer Blumenwiese zu trocknen. Der Bikini ist bei den Damen immer im Rucksack. Die Süßwassertümpel und die leuchtend hellen Sandstrände fangen das Rund-um-die-Uhr-Sonnenlicht ein und heizen es auf. «Des Nordlandsommers ewiger Tag», so nannte Knut Hamsun diese Saison, in der die Zeit stillsteht und man nicht ins Bett will.

Die Lofoten mit der Adria zu vergleichen, wäre übertrieben, aber man badet tatsächlich in der Nachbarschaft des Golfstroms bei Wassertemperaturen, die denen bayerischer Seen ähneln. Die südlofotische Insel Røst hat das mildeste Winterklima Norwegens.

Der Göttervater Thor . . .

. . . schichtete Felsen auf, um eine bessere Sicht zu den Kabeljauschwärmen zu haben. So erzählt die germanische Sage. Die ersten Menschen siedelten hier schon vor 6000 Jahren. Bei Moskenesøya gibt es den Moskenesstrom, einen durch Ebbe und Flut hervorgerufenen, extrem pulsierenden Gezeitenstrom, der Edgar Allan Poe zu einer Gruselgeschichte inspirierte – und Friedrich Schiller zu seinem Gedicht, das wir alle in der Schule lernen mussten.

Tourenvorschläge (siehe Karte S. 116)

Für eine repräsentative Bergreise von Nord nach Süd, also etwa von Narvik/Evenes bis Å, sodass fast alle der wilden Inseln besucht werden. Alle Touren starten auf Meeresniveau.

Tour 1 Ytterstad Fjellet (446 m): Genau genommen noch nicht auf den Lofoten, sondern auf der nördlicher gelegenen Inselgruppe Vesterålen. Ausgangspunkt im Weiler Ytterstad mit Wikingerruinen, die einmal am Meer standen. Aufstieg Richtung Nord, Abstieg auf gleichem Weg. Markiert. Beeindruckende Aussicht bis zum Festland. In der Bucht sind manchmal Killerwale (Orcas) zu sehen. Vom Gipfel erscheinen die beeindruckenden Berge des Festlandes als schwarze Mauer. 3 Stunden.

Tour 2 Pass Årsteinskardet (ca. 300 m) auf der Insel Hinnøya. Von der Stadt Svolvær auf der Insel Austvågøya sollten Sie mit dem Fährschiff oder Touristenboot durch den fantastischen Trollfjord fahren. Steil, sehr steil sind die Wände, durch die das Boot tuckert. Vom Ort Hinnøya wandern Sie auf einer Piste nach Pundsletta. Dann nach Südwesten auf Pfadspuren über den Pass Årsteinskardet durch ein Blumen- und Wiesenparadies. Der weiße Sandstrand beim Dorf Årsteinen, an dem Sie das Schiff wieder erreichen, lädt zum Baden ein. Zeit: 5 Stunden.

Tour 3 Glåmtinden (ca. 500 m) auf der Insel Austvågøya. Ausgangspunkt ist der Beginn der alten Passstraße beim Rørvik-See (Südwestteil der Insel). Nach einer anregenden Wanderung über einen gut erkennbaren Steig in leichter Kletterei (I) auf den Gipfel. Es kann ein völlig neues Erlebnis sein, zur Geisterstunde auf einem Berg zu sitzen, die Sonnencreme aufzutragen (die Mitternachtssonne macht's nötig) und die Beine über einem 400-Meter-Abgrund baumeln zu lassen. 4 Stunden.

Tour 4 Småtindan (640 m) auf der Insel Austvåagøya. Ausgangspunkt ist Olderfjorden (Südseite des Fjords bei Litlhaugen) im Westen der Insel. Im Finnmarkdalen waten Sie weglos durch hüfthohe Farne zum Gipfel. Als Abstieg empfiehlt sich die Gratüberschreitung via Jordtinden über den Westrücken zurück zum Start. Anstrengend. Gute Orientierung notwendig. 6 Stunden.

Tour 5 Skottinden (671 m) auf der Insel Vestvågøya. Traumtour für Fähige auf einen kühnen Gipfel. Im Südwestteil der Insel liegt der Ort Gravdal. Auf teils schlechter Straße erst nach West, dann nach Süd dem Meer entlang, vorbei am Weiler Vitting. Hier beginnt ein spärlich rot markierter Steig. Steil, anstrengend, Trittsicherheit unbedingt erforderlich. Am Gipfelaufbau ausgesetzte, kühne Kletterei (I, eine Stelle II). Eine unglaubliche Aussichtsloge: Die Südlofoten liegen Ihnen auf diesem formschönen Gipfel zu Füßen. Abstieg auf dem Anstiegsweg. 5 Stunden.

Tour 6 Mosestinden (769 m) auf Flagstadøya. Wieder eine Aussichtsloge par excellence. Ausgangspunkt ist Nusfjord, ein Fischerdorf, das unter dem Schutz der Unesco steht. Anfangs deutlicher Steig, teils beschildert. In der Gipfelzone weglos. Anstrengend. Wegloser Abstieg nach Südosten zur Bucht Kvalkeila. Am Meer treffen Sie auf einen bequemen und markierten Weg (zwei versicherte Kletterstellen), der nach Nusfjord zurück führt. 5 Stunden.

Tour 7 Umrundung des Måltinden auf der Insel Moskenesøya. Man lernt die widersprüchliche Natur der Lofoten kennen – vor allem die Westseite der Inseln, gegen die der Atlantik ungebremst anbrandet. Eine Stelle ist mit Seilen und Ketten gesichert, der Rest auf Pfadspuren leicht. Großartiges Meer-Berge-Ambiente. Der kilometerlange Sandstrand in der Kvalvika-Bucht wäre am Mittelmeer eine Sensation. Ausgangspunkt beim Weiler Bergland im Osten. An der Bucht (alte Wikingerruinen) im Bogen nach Südosten am Agolvatnet vorbei zurück zur Straße bei Marka. 5 Stunden.

Tour 8 Hermannsdalstinden (1029 m) auf der Insel Moskenesøya. Einer der höchsten Berge der Inseln – anstrengend, lang und alpin! Großartige Landschaft. Trittsicherheit, Ausdauer und Orientierungsvermögen unerlässlich. Von Sørvågen am mittleren Ostteil der Insel auf markiertem Weg zur nicht bewirtschafteten Hütte Munkebu unter dem Munkan (775 m). Übernachtung in der Hütte empfohlen. Von hier in einer Stunde auf den Munkan. Am nächsten Tag auf den höchsten Punkt. Weitsicht bis zum Horizont, dahinter versteckt sich Grönland. Abstieg zur Hütte auf dem Anstiegsweg. Empfohlen für den Rückweg nach Sørvågen ist die leichte, sehr aussichtsreiche Überschreitung der Gipfel Djupfjordheia (510 m), Merraflestinden (ca 535 m), Kjølen (478 m), Kolfjellet (510 m). 2 Tage, 12–14 Stunden.

Widersprüchlich ist der «Cocktail Lofoten», gemixt aus Eismeer, Irland, Schottland und manchmal auch Ägäis, gebeutelt vom unberechenbaren Wetter und im Sommer gesegnet mit oft wochenlangen Schönwetterperioden und mediterranen Temperaturen (oben). Eine spektakuläre Granitwelt geht eine fotogene Symbiose mit dem Nordmeer ein (links).

Die See ist fischreich. Der getrocknete Dorsch – die Gestelle ragen wie Skulpturen zum Himmel – wird bis nach Westafrika exportiert und gilt in südlichen Ländern als Delikatesse. Die Fischersiedlungen haben im ölreichen Norwegen gehobenen mitteleuropäischen Standard. Und doch scheint das Leben an ihnen vorbeigegangen zu sein. Jedermann auf den Lofoten spricht vom Fisch – kaum jemand von den Bergen!

In Borg nahe Leknes eröffnete ein eindrucksvolles Wikingermuseum seine Pforten. Hier wurde das größte Normannengebäude gefunden – ein Häuptlingssitz mit einzigartigen Funden. Die Lofoten waren ein Machtzentrum jener Zeit, von

14 Lofoten, Norwegen

Der Luchsfuß, ein Juwel arktischer Natur in mildester und wildester Form

Anreise: Am preiswertesten mit dem eigenen Wagen nach Narvik und dann auf guten Straßen über die Inseln nach Süden. Oder Fähre von Bodø nach Leknes oder Moskenes. Die berühmte Hurtigruten läuft die Lofoten an, z. B. in Svolvær. Flug via Stockholm oder Oslo nach Evenes nahe Narvik. Leihwagen problemlos in Evenes oder allen größeren Orten. Der öffentliche Busverkehr ist gut. Die Inseln sind meist mit Brücken verbunden, einige Male auch mit Autofähren. Die Orte sind mit regelmäßigen Fährschiffen erreichbar.

Beste Reisezeit: Juni/Juli/August. Mitternachtssonne von Ende Mai bis Mitte Juli. In den dunklen Nächten Aurora Borealis, das Nordlicht.

Charakter: 3,5 Milliarden Jahre ist es her, dass die Lofoten in einem Inferno aus Schwefel, Dampf und Erschütterungen geboren wurden. Die Gestaltungskraft der Erde formte eine der wildesten und faszinierendsten Landschaften des Kontinents. Die Lofoten werden von fünf Hauptinseln und fünf kleineren Eilanden gebildet. Vom Golfstrom verwöhnt und mit einem erstaunlichen Klima durch diese «Heizung» gesegnet, setzen die Berge meist unmittelbar am Meer an und bilden eine spektakuläre Szenerie. Ungewohnt: Weniger die Tageszeit bestimmt den Rhythmus, in den Sommermonaten herrscht Licht rund um die Uhr. Nur das Wetter, das zwischen garstig und paradiesisch alle Spielarten kennt, dominiert die Touren. Zum Bergsteigen und Wandern zu empfehlen sind wegen des spektakulären Lichts durchaus die Nachtstunden. «Pack die Badehose ein ...» Die Chancen, dass diese nass wird und in der Sonne trocknet, sind gut.

Anforderungen: Die Länge und die technische Anforderung der Routen sind wählbar (siehe Tourenvorschläge). Die Berge bieten Rekordjägern und Höhenbergsteigern kein befriedigendes Terrain, denn die Gipfel überschreiten die Tausendermarke selten. Der natursensible Trekker, der weg will von Farbklecksen und überfüllten Hütten, kann auf den Lofoten einen Höhepunkt seiner «Karriere» erleben. Die Höhenunterschiede sind, da die Ausgangspunkte fast immer auf Meeresniveau liegen, erstaunlich groß und oft anstrengend. Spezial-Trekking: Klettern im rauen Granit des erst «vor Kurzem», nämlich nach der letzten Eiszeit freigegebenen Gebirges wird durch die seltene und faszinierende Symbiose Meer-Fels-Norden bestimmt. Besonders eindrucksvoll sind der Trollfjord und die Wände bei Nusfjord. – Es gibt keine organisierte Bergrettung.

Übernachtungen: Auf den Inseln gibt es nur drei Berghütten, und nur eine hat bei den beschriebenen Touren eine Bedeutung: die Munkebu-Hütte bei der Besteigung des Hermannsdalstinden (Tour 8). Sehr ordentlich, mit Feuerholz und Kocher; liebevoll und sauber. Sonst übernachtet man preiswert und stilvoll in Rorbuern, urgemütlich restaurierten ehemaligen Fischerhütten. Oder auf Campingplätzen. Oder auf Tour im eigenen Zelt.

Ausrüstung: Wie bei Hochgebirgswanderungen in den Alpen. Gamaschen wegen nassem Pflanzenwuchs vorteilhaft. Einen erfahrenen Bergsteiger erkennt man bekanntlich am Regenschirm. Unbedingt Karten, Bussole und Höhenmesser.

Informationen: Kompetenter Veranstalter www.dav-summit-club.de. Über die Lofoten www.visitnorway.com.

Karten: Übersichtskarte Lofoten, Turistkart 1:150 000. Lødingen Kommune 1:60 000 (Vesteralen); Vågan Kommune 1:50 000; Vestvågø Kommune 1:50 000; Vest-Lofoten 1:50 000. Die meisten Wanderkarten enthalten Wanderrouten, die oft sehr unvollständig sind und manchmal nicht stimmen. Eine eingezeichnete Wanderroute muss nicht gleichbedeutend mit Markierungen oder Wegen sein.

hier aus wurden die legendären Seereisen der Wikinger gestartet.

Gottverlassen, wild, steil, kühn

Das Frühstücksbuffet gleicht einer von einem Heuschreckenschwarm heimgesuchten Plantage. Die Leere auf den Tellern ist erschreckend, denn ständig haben wir Hunger. Die tiefblauen Heidelbeeren und die grellgelben Multebeeren halten unseren Vitaminpegel hoch und sind eine zeitraubende Versuchung auf jeder Tour.

Das Wetter hat sich auf Lofotenstandard eingependelt. Sonnenflecken fliegen über die aufgewühlte See, dunkle Wolkenbänke jagen von Südwesten heran und bleiben in den exotisch anmutenden Bergen hängen, die in den Alpen eine Sensation wären.

Grellbunt leuchten die Fischerhütten in der Abendsonne. Gemütlich sitzt man in einer Rorbuer, einer besonderen Form der Biwakschachtel, die Urgemütlichkeit verbreitet. Das Gezeter der Möwen und das Glucksen der Wellen unter den Pfählen ist Radioersatz. Nachmittags wandern wir zur Stadt mit dem ultrakurzen Namen: Å – ein lebendes Museum. Der Ort liegt, vor den Westwinden geschützt, «hinter den Bergen» im Golfstrom. Hier enden alle Straßen, von hier aus geht es nur noch per Schiff weiter: bis nach Grönland. Das Ortsschild ist fest verschweißt, immer wieder wird es von Souvenirjägern geklaut. Von Norden sollte man die Lofoten, die Schoßkinder des Golfstroms, «aufrollen». Wie Perlen an einer Schnur sind die Inseln aufgereiht. Hier steilen auch die eindrucksvollsten Gipfel des Archipels auf.

Man ist am Ende des Inselparadieses, seiner Reise – und am Ziel aller Wünsche. Aus Dunst und Wolkengrau treten Türme und Spitzen heraus, erheben sich minutenlang kulissengleich über niedrigeren Kämmen. Man nimmt mit Wehmut Abschied von den Trauminseln und ihren kühnen Bergen, vom sonnendurchfluteten Wasser, von den einsamen Gipfeln und wortkargen Menschen. Sturm peitscht die See, der Herbst ist da.

Glückhafte Wandertage neigen sich dem Ende.

Warm leuchten um Mitternacht die Fischerhäuser von Henningsvær auf Austvågøya.

Laponia-Rentrek

Mit Rentieren durch die schwedische Wildnis Lapplands

15

Das UNESCO-Weltnaturerbe Laponia lässt Trekkerherzen höher schlagen. Es wird als «die letzte Wildnis Europas» bezeichnet, eine Art Alaska auf dem alten Kontinent. Wer durch dieses behütete Kleinod zieht, trifft öfter einen Elch als einen Menschen. Ein zeitloses Trekking nördlich des Polarkreises unter der Mitternachtssonne. Diese Wanderungen faszinieren jeden, der sich danach sehnt, durch pure Wildnis zu ziehen, Berge zu erforschen, Fliegenfischen zu lernen und in die Lebensart der Saami – der Lappen – einzutauchen. Mit Rentieren als Begleitern, die des Trekkers Rucksack in erträglichen Dimensionen halten.

Samen züchten traditionell Rentiere. Im Herbst werden diese zur Rentierscheidung zusammengetrieben (linke Seite). Der Herbst verwandelt Lappland in einen Farbenrausch (oben).

«Es gibt Menschen, die haben noch nie die Stille gehört», erzählt Lennart. Der Same setzt sich auf ein Rentierfell, das er – unnötigerweise – auf den weichen Heideteppich unterhalb eines Berggipfels gelegt hat, und schweigt einfach. Er «zeigt» uns hier im Zentrum der Nationalparks förmlich die Stille.

Vor Jahrzehnten war ich schon einmal hier. Im Winter. Mit drei Freunden gelang die «erste touristische Winterdurchquerung mit Skiern», wir haben sie den Schweden weggeschnappt. Es war ein kaltes, sehr kaltes Abenteuer in einer vereisten, arktischen Landschaft – der Beginn der polaren Faszination, die mich seither im Griff hat.

Jetzt erlebe ich den Park im sanften September, im «Höstsommar», wie die Schweden ihn nennen. Es sind nicht viele Tage zwischen Sommer und Winter. Die Mücken und die fiesen Knotts sind schon im Winterschlaf, und der Schnee ist zu ahnen. Es ist Lapplands schönste Zeit. Die Samen treiben die Rentiere aus den Bergen zurück in die Niederungen, die Sonne schwebt dicht über den Baumwipfeln, und im Herbstlicht glühen die Birken. Es duftet nach Sumpfporst, einer Pflanze, deren Öl die Knotts vertreibt.

Neben Lennart grast friedlich ein Ren an langer Leine, gezähmt, trainiert, kastriert, sanft – ein «Härk». Wenn man es streichelt, läuft eine Welle über sein dichtes Fell, das eine wärmere Unterlage bieten würde als jede Isomatte. Es ist die normale Reaktion, wie wenn es ein Insekt vertreiben wollte. Gestern haben wir die mäßig schweren Rucksäcke geschultert, haben die Packtaschen der Rentiere mit Essen (und viel Kaffee), Schlafzelten und einer großen Zeltkota vollgestopft und uns auf den Weg in die lappländische Wildnis gemacht.

Reisen ist besser als Ruhen

Das ist ein samisches Sprichwort. Wir setzen den Rat in die Tat um und verlassen den See Avddajaure, überschreiten die unsichtbare Nationalparkgrenze und trekken in das Gebiet des Alitave-Massivs im Herzen der Unna Cerus Saami Community.

Der Scout erzählt von der uralten Kultur. Zunehmend finden die Samen nach Jahrhunderten der Unterdrückung wieder zu ihrer eigenen Identität. Wir durchstreifen das Land der Berg-Lappen.

Es gibt keine Zivilisation mehr, nur Landschaft. Wir sind frei, freie Menschen in einer freien Landschaft, nur noch uns und den Rentieren verantwortlich. Manchmal folgen wir einem alten Lappenweg, keinem Pfad im gewohnten Sinne, sondern einer Richtung, bestimmt durch die Berge links und rechts. Oder wir nutzen im dichten Birkenunterholz Rentierspuren. Beim Berg Marggo erwartet uns eine maßlose Landschaft. Es gibt keine roten Farbkleckse an den «Wegen». Vergletscherte Zweitausender grüßen.

«In der Wildnis liegt die Rettung der Erde», erkannte der amerikanische Philosoph Thoreau schon vor eineinhalb Jahrhunderten richtig. Abends schlagen wir die Zelte in der Großartigkeit der Landschaft auf und versorgen die Rentiere.

Leben nach Jägerart: Frisch gefangene Forellen brutzeln bei einem Lappland-Trekking auf einem Birkenholzfeuer in der Pfanne (oben). Laponia zeigt sich im Spätsommer von seiner farbigsten Seite (rechte Seite; oben). Bis zum Winter sind die Hochlagen des Fjells die Heimat der halbwilden Rentiere (rechte Seite; unten).

Die Gletscher färben sich rosa, die Sonne geht nie richtig unter. Mitternachtssonne und reife Beeren, das ist Lapplandsommer. Das Weideland grünt, frisch und klar glucksen die Bäche, in den Seen tummeln sich Forellen.

Wir sind im Land der Raubtiere. Füchse sehen wir, Luchse und Vielfraße hinterlassen nur ihre Spuren im Ufersand. Wir beobachten Schneehühner und Singschwäne und finden Ren- oder Elchgeweihe. Unsere Karawane zieht vorbei an weidenden, halbwilden Renherden, die hügelauf, hügelab ziehen. Lennart hat seine Rentiere jahrelang für das Tragen trainiert.

Gebirgsbäche mäandern silbern im Sonnenlicht. Es gibt keine Brücken. Wasserläufe überqueren wir mit «Seele und Schwung», wandern durch dichte Schwarzbirkenwälder, Weidendickichte und über wippende Kräuterwiesen.

Essen wie in der Steinzeit

Wir sammeln Beeren – die süßen Blaubeeren, die bitteren Moosbeeren und die gelben Moltebeeren. Gegen Abend bringt uns Lennart das Fliegenfischen bei. Der Urjagdtrieb auf Forelle und Saibling lässt uns fast das Trekken vergessen. Trapperleben eben.

Lappland riecht nach Fisch, Feuer und Freiheit. Lennart gart in einer Kochgrube Saibling in Birkenrinde – wie in der Steinzeit. Es wird ein kulinarisches Abenteuer im samischen «Lavuu», einer Art Tipi. Danach trinken wir pechschwarzen Kaffee, in dem der Löffel stecken bleibt. Vor der Kota putzt sich der Herbst noch mal so richtig heraus. Bergbirken schimmern gelb, in purpurnen Farben leuchtet die Heide – Indian Summer auf Schwedisch. Ein Farbrausch in fast unberührter Landschaft.

Die Rentiere mit ihren gewichtigen Packtaschen lassen es anderntags wie immer ruhig angehen. Ihre Gelassenheit steckt an, fließt in uns hinein. Der gewohnte Trekking-Leistungsgedanke fällt ab. Huf für Huf wächst der Abstand zwischen uns und der hektischen Zivilisation. Laponia fängt uns auf diesem «Edelsteintrekking» ein.

Die Flora glüht. Die Kulisse mit den schneebedeckten Zweitausendern, der Gleichklang, der Trott, die Stille sind wie autogenes Training. Lennart erklärt, wie man mit den friedlichen Tieren mit den mächtigen Geweihen umgeht: dass die Satteltaschen auf beiden Seiten gleichzeitig aufgeladen werden oder dass man die Tiere immer hinter sich führt. Berührung macht sie nervös – und Blickkontakt. Der Verhaltenskodex ist einfach: keine plötzlichen Bewegungen, sanftes, aber bestimmtes Ziehen an der Führungsleine. Vor allem wenn Leckereien wie Flechten, Birkenlaub oder gar Pilze sie von ihrer Tragearbeit ablenken.

Und trotzdem Rentiersteaks

Die Migrationspfade der Wild-Rentiere sind unsere «Wege». Wir trekken über einen Moränenrücken hinunter zu einem gischtenden Wildfluss, durch ein Moor mit einem Meer aus glühenden Farben. Rot leuchtet das Sumpfgras, goldbraun das Laub von Moltebeere und Polarbirke, nur die kniehohen Weiden treiben grün. Die Hälfte des Parks ist bewaldet, Seen und Sümpfe dominieren. Orangefarbene Moose überziehen die niedrigen

Laponian World Heritage Area

Padjelanta, Sarek, Stora Sjöfallet und Muddus: Diese vier Nationalparks bilden zusammen mit den Naturreservaten Sjaunja und Stubba das Welterbegebiet Laponia. Die Verknüpfung von mehreren geschützten Gebieten und Nationalparks ist einmalig in Europa. Das Gebiet umfasst nicht weniger als 9400 km² unberührte Natur, meist als hoch gelegene Fjäll-Landschaft. Es ist Europas größte, weitgehend unbeeinflusste, geschützte Naturlandschaft, die häufig als «Europas letzte Wildnis» bezeichnet wird. Besonders der Sarek ist einzigartig. Es gibt dort keine touristischen Einrichtungen, das Gebiet soll unberührte Natur bleiben. Schweden hat die Parks dem Einfluss der Zivilisation durch konsequente Gesetze und eine strenge Exekutive entzogen. Daraus entstand schon Anfang des 20. Jahrhunderts mit dem Sarek der erste Nationalpark in Europa. Menschen zu treffen, ist weniger wahrscheinlich als Adler, Rentiere und Elche. Die Berge in diesem arktischen Teil Schwedens sind majestätisch. Dramatische Gipfel und große Gletscher steilen über tiefen Tälern mit schäumenden Flüssen und klaren Bergseen. Die Fauna ist aufregend: ein reiches Vogelleben, die Möglichkeit, einen Blick auf einen Bergfuchs zu erhaschen und wilde Rentiere, Elche, Wölfe, Bären oder einen Vielfraß zu beobachten. Hier leben die Samen mit ihren Rentieren noch immer im Einklang mit der Natur.

Rentiere sind schwer zu zähmen. Bei diesem Motiv ist das kaum zu glauben (oben). Über dem Geweih blinken die Berge der alpinen Gebirgslandschaft des Sarek, der «letzten Wildnis Europas» (rechts). Samisch-ursprünglich geht es auf einem Rentrek zu (unten und rechte Seite unten).

Die Hochebene des Padjelanta-Nationalparks, was auf Samisch «oberes Land» bedeutet, ist eines der wichtigen Rentierzuchtgebiete Lapplands (rechte Seite; oben). Laponia ist ein Wildmarkgebiet von imponierender Größe. Diese Wildnis ist vom Menschen weitgehend unbeeinflusst (rechte Seite; unten).

Felsen. Gerade mal fünfzig Jahre ist es her, dass die ehemaligen Nomaden dieses Gebiet noch mit ihren Rentierherden durchstreiften.

Mittags kramt Lennart Rauchschinken aus dem Rucksack. Er schmeckt köstlich. Und in der Kota brutzeln abends Rentiersteaks.

Danach gibt es Fika – Kaffee und Kekse. Wir sitzen ums Lagerfeuer, trinken ein Glas Whiskey, den wir zollfrei beim Flug hierher erstanden haben. Die Flammen des Birkenholzfeuers tanzen über zufriedene Trekker-Gesichter.

Die Tragtiere schnauben vor den Zelten und käuen ihr Rentiermoos wieder. Ich verkneife mir, Lennart zu fragen, wie viele Rentiere ihm gehören. Das wäre ein Fauxpas, so etwa, wie wenn man in Mitteleuropa jemanden fragen würde, wie sein Kontostand sei.

Aus dem Schlafsack blicke ich über einen Farbenrausch zu den sanft gewölbten Hügeln und hinüber zu schneebedeckten Gipfeln. Das Laub der Birken verfärbt sich gelb, dunkelrot leuchten Alpen-Bärentrauben und Gebirgsheide, im Tal glitzert ein See in der tiefen Herbstsonne. Die Erde erscheint unendlich weit. Nirgends ein Strommast, keine Straße, kein Haus.

Die Saami

«Wir, die Saami, sind ein Volk, vereint in unserer eigenen Kultur, Sprache und Geschichte. Wir leben in Gebieten, die seit undenkbaren Zeiten von uns allein bewohnt und genutzt worden sind.» (aus dem politischen Programm des Saami-Rates, 1986) Die mehr als 70 000 Samen – in Norwegen 40 000, in Schweden 20 000, in Finnland 6500 und auf der russischen Kola-Halbinsel 4000 – blicken auf eine 10 000 Jahre alte Kultur zurück. Sie entwickelten die Kunst, im strengen arktischen, neun Monate dauernden Winter zu bestehen. Wie bei anderen indigenen Völkern (Ureinwohnern) steht im Mittelpunkt ihres Denkens die Natur, als deren integrierenden Bestandteil sie sich verstehen. (Auszug aus: «Die Saami: Indigenes Volk im Norden Europas» von Nicole Kuhlmann und Theodor Rathgeber)

Unten blinken Feuer, eine Herde Rentiere zieht vorbei. Etwa drei Dutzend Familien der ursprünglichen Saami-Bevölkerung verdienen noch ihren Lebensunterhalt als Rentierzüchter. Im Sommer und im Herbst streifen rund 23 000 Rentiere frei durch das schwedische Fjäll.

Und nur sehr wenige Trekker. Wir haben dank Lennart die Stille gehört.

15 Laponia-Nationalparks, Schweden

Anreise: Flug von Mitteleuropa via Stockholm nach Kiruna. Bus oder Mietwagen nach Gällivare.
Beste Reisezeit: Juni bis September. Der mückenfreie September ist die beste Zeit für Wanderungen durch einen herbstlichen Farbenrausch.
Charakter: Meist pfadlose Wanderung über dem Polarkreis in den UNESCO-Parks der Laponian World Heritage Area, einer Taiga und Tundra mit Bergen, Wäldern, Seen und Flüssen. Die Route und die Länge der Tour stimmt man mit den Lappen ab. Sie ist auch abhängig vom Wetter und dem Wasserstand der Bäche.
Anforderungen: Technisch leicht. Gute Kondition für das Gehen in weglosem, aber auch mal sumpfigem, mühsamem Gelände notwendig. Die Rentiere tragen die Campingausrüstung und den Proviant, alles andere kommt in den eigenen Rucksack, erfahrungsgemäß ca. 10 kg. Die Tiere geben das (beschauliche) Tempo vor. Tagesetappen zwischen 10 und 15 km. Jeder hilft beim Lagerbau, beim Kochen und bei der Versorgung der Tiere mit.
Übernachtung: Hotels, Campingplatz, Herbergen in Gällivare. Auf der Tour Camping, mit großer traditioneller Kota, evtl. einfache Hütten. Gekocht wird in der Regel auf dem offenen Feuer.
Ausrüstung: Wetterfeste Kleidung und Ausrüstung. Mindestens 60-Liter-Rucksack mit Regenhülle. Kunststoffschlafsack mit Komfortzone 0 °C. Sehr hohe Trekkingstiefel oder Jagdstiefel oder Gummi-Wanderstiefel.
Informationen: Nur wenige Veranstalter bieten geführte Touren mit Rentieren an. Auf das Qualitätssiegel «Naturens Bästa» (das Beste der Natur) achten. Mehrfach ausgezeichneter Veranstalter ist «Pathfinder Lapland» (www.pathfinderlapland.se) in Repisvare bei Gällivare. www.visitsweden.com, www.laponia.nu
Karten: 173 Gällivare – Vägkartan 1:100 000; Topographische Karte Schweden – Lantmäteriet Landkarte Schweden.

Sensationelle Küsten in der Bretagne | 16

Sentier des douaniers – Naturspektakel auf 1300 Wander- oder Bike-Kilometern

Der Zöllnerpfad wurde im 18. Jahrhundert an den zerrissenen Küsten angelegt, um Schmuggler zu überwachen. Die Meer-Felsen-Welt, durch die er zieht, zählt zum Schönsten in Westeuropa. An die spektakulären Steilküsten rollt wild die Brandung des Atlantiks. Sanft, verführerisch und malerisch die glühende Côte de Granit Rose mit ihren Fantasiefelsen. Eine prächtige, farbige Flora und eine reiche Fauna über schier endlosen blendenden Sandstränden sind tägliche Begleiter. Und bunte Häfen mit Flair. Wanderers und Bikers Traum ist es, die Schönheit der wilden und herausfordernden Bretagne-Küste zu erkunden.

Die Bretagne ist ein Land alter Nationen. Die Halbinsel wird auf drei Seiten vom Meer umspült. Die Gallier bezeichneten sie auch als «Land, wo der Himmel die Erde berührt» (linke Seite). Die Kelten, Urbretonen, lebten hier in «Aremorica», dem «Land vor dem Meer». Zahlreiche Menhir-Felder – Obelix' Hinkelsteine – erinnern an Galliens Frühgeschichte (oben).

In Saint-Nazaire treffen wir unseren französischen Freund Jacques. Er schmunzelt: «Wer diese außergewöhnliche Tour angeht, sollte gut drauf sein, ob als Biker oder als Wanderer.» Er muss es wissen, hat er doch die Herausforderung schon zweimal angenommen: einmal zu Fuß und das andere Mal mit dem Fahrrad. Der Fußgänger braucht für die «Grande Randonnée», die große Wanderung, rund um die Bretagne fast zwei Monate, der Biker immerhin noch fast die Hälfte. Der GR 34 genannte Fernweg schlängelt sich zwischen Heide und Hinkelsteinen, zwischen Sandstrand und Ozean von Saint-Nazaire im Süden bis zum Mont-Saint-Michel im Norden. Ein Projekt für die Rente, wenn man es nicht in Teile zerlegt, was auch seinen Charme hat.

Oder man pickt sich «Rosinen» aus dem Naturwunder Bretagne heraus. Zum Beispiel die raue, felsige Landzunge Pointe du Raz am Cap-Sizun ganz im Westen mit ihrer gewaltigen Brandung, die an die siebzig Meter hohen Klippen donnert und eingerahmt wird von leuchtend gelbem Ginster und purpurn blühendem Heidekraut. Jacques nennt sie verschmitzt «die westlichste Erektion Frankreichs und Europas». Er schwärmt besonders von der beeindruckenden Kulisse der aufgetürmten Granitfelsen der Nordküste und dem Strand von Coz Porz, wo die Fantasie bei den «Schildkröten-» und «Hexenfelsen» gefordert ist. In der sagenhaften Felsenwelt der rosa Granitküste liegen riesige Blöcke wie von lässiger Hand hingeworfen. Oft scheinen sie den Gesetzen der Schwerkraft zu trotzen.

Von Schmugglern und Plünderern

Die nüchterne Bezeichnung GR 34 kommt Jacques nie über die Lippen. «Wir nennen ihn ‹le sentier des douaniers›.» Es ist ein Zöllnerpfad, der 1791 zum Schutz gegen Schmuggler und Plünderer von Schiffswracks angelegt wurde. Colbert, dem Finanzminister Ludwigs XIV., war es gelungen, die Staatsfinanzen zu sanieren, und das trotz der gigantischen Ausgaben des Sonnenkönigs für sein luxuriöses Leben am Hof, den Bau prächtiger Schlösser und die Kriegsführung. Zölle waren eine wichtige Einnahmequelle. Tag und Nacht, bei Wind und Wetter, überwachten bis ins 20. Jahrhundert hinein Zollbeamte die zerrissene Küste. Die Zöllner müssen schwindelfrei und trittsicher gewesen sein. Wo der Pfad den Klippen nahekommt, schaut man besser auf den Weg als auf das blaue Meer.

Über uns kreischen Möwen, als wir nach einem der seltenen «Verhauer» wieder auf die rot-weiße Markierung stoßen. Der GR 34 ist gut beschildert und markiert. Wir sind wieder angekommen auf dem Pfad der Zöllner, umlaufen fjordähnliche Buchten, lagern auf rauen Felsen, erfrischen uns im kühlen Meer. Mal dominieren weiße Sandbuchten, mal tiefe Fjorde, aufgelockert mit bunten Fischerbooten. Wir folgen einer wild bewachsenen Flussmündung, strampeln vorbei an alten Schlössern, einer Gezeitenmühle und bretonischen Bauernhäusern mit knallbunten Hortensienhecken.

Vorangehende Doppelseite: «Les Tas de Pois», Erbsenhaufen, ist eine «Site de France» und beeindruckt mit bis zu 100 m hohen Abbrüchen.

Die Strände auf der Halbinsel Camaret gehören zu den schönsten Europas (oben). Bei Ebbe zieht sich das Meer bis 18 km zurück, der Tidenhub beträgt bis zu 14 m. Dadurch fallen die Boote am Strand trocken (rechte Seite; oben). Das «maison entre deux rochers», das Haus zwischen zwei Felsen, gehört zu den Kuriositäten der Bretagne (unten). Die «Museumsstadt» Tréguir mit ihren Fachwerkbauten ist einen Besuch wert (rechte Seite; unten).

TREGOR

Die farbige Welt der Côte de Granit Rose verzaubert mit surrealen Felsformationen.

Durch das golfstrombeheizte Meer herrscht in der Bretagne ein mildes, feuchtes Klima mit angenehmen Temperaturen über das ganze Jahr. Das begünstigt eine vielfältige und farbige Vegetation, die den Landschaften ein besonderes Licht gibt. Maler und Dichter schätzen dieses «lumière». Wir auch, als wir uns vom Glutball der untergehenden Sonne über den Vogelfelsen der Sept-Îles nach getaner Tretarbeit verzaubern lassen.

Geschützt und gehegt

«Diese Naturlandschaft steht unter strengster Bewachung des französischen Küstenschutzamts, des Conservatoire du littoral. Es wurden Wanderwege angelegt, beschädigte Gebiete restauriert und der Autoverkehr weitestgehend eingeschränkt», erzählt Jacques. Tatsächlich zählt das Gestade zu den schönsten Europas, und das nicht zuletzt wegen seiner Vielfältigkeit.

Wir pedalen weiter über wilde Klippen mit großartigen Ausblicken. Vorbei an alten Kriegsstellungen zum Kap mit dem Traumblick auf die Inseln Les Tas de Pois, was so viel wie Erbsenhaufen bedeutet, die als eine «Site de France» – ein besonders schützenswertes Naturdenkmal – ausgewiesen sind.

Nach dem «maison entre deux rochers» – dem «Haus zwischen zwei Felsen», dem wahrscheinlich meistfotografierten Motiv der Bretagne – gibt es eine Tourenverpflegung der besonderen Art. Bei einem Fischer schlürfen wir frisch gepflückte Austern, sie sind hier die besten Frankreichs. Überhaupt gehört zu einem Bretagne-Trekking die köstliche und vielfältige bretonische Küche. Sie ist wahrhaftig fantastisch.

Sind wir wirklich schon drei Wochen unterwegs? Kein Tag war langweilig, und kein Tag glich dem anderen. Jacques stoppt sein VTT, wie ein Mountain Bike in Frankreich heißt, und zeigt zum Horizont. Schemenhaft zeichnet sich die weltberühmte Silhouette des Klosters Saint-Benoît-des-Ondes auf dem Mont-Saint-Michel ab. Vom Hafen von Saint-Nazaire bis hierher haben wir die Bretagne fast vollständig «umtrekt» und sind dabei rettungslos dem Reiz der Meereslandschaften verfallen.

Wir haben «le sentier des douaniers en Bretagne» geschafft.

16 Sentier des douaniers, Bretagne, Frankreich

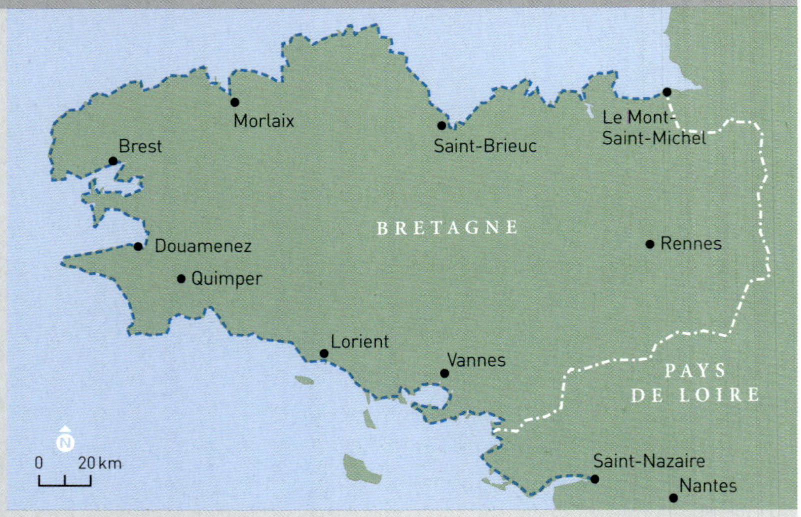

Anreise: Der Ausgangspunkt Saint-Nazaire und Pontorson nahe dem Endpunkt Le Mont-Saint-Michel haben Zugverbindungen. Gutes Straßennetz.
Beste Reisezeit: Ganzjährig. Zu bevorzugen sind März bis Oktober. Juli und August besser nicht, da ist Ferienzeit in Frankreich.
Anforderungen: Technisch leichte Wanderungen, die manchmal Trittsicherheit erfordern. Auf der Bike-Tour muss man auch mal schieben, ab und zu auch tragen. Selten: radfreie Passagen, z.B. an der Côte de Granit Rose (schieben).
Ideal: Autobegleitung, um das Marschgepäck zu minimieren. Anstrengendes und sehr langes Trekking. Ca. 52 Wandertage bei durchschnittlich ca. 25 km/Tag. Ca. 22 Radtage bei durchschnittlich ca. 60 km/Tag. Durchgehend rot/weiß markiert (Fernwanderweg GR 34), dadurch keine Orientierungsprobleme. Wem der ganze Pfad auf einmal zu viel ist, der verteilt das Vergnügen auf mehrere Etappen und Jahre.
Charakter: Traumhafte Wanderung oder Mountainbike-Tour. Die Küsten gehören zum Schönsten, was Europa zu bieten hat. Und die fantastische bretonische Küche trägt das Ihre zum Genuss bei.
Übernachtung: Grundsätzlich an keinem Tourentag ein Problem. Hotels, Gîtes d'étape, Chambres d'hôtes und Campingplätze an der gesamten Küste. Wildes Campen manchmal erlaubt.
Ausrüstung: Auch im Winter wird es nie richtig kalt. Regen- und winddichte Kleidung wichtig. Evtl. Campingausrüstung. Bei einer Radtour unbedingt Mountainbike (keine Trekkingräder!).
Informationen: Unentbehrlicher Führer: «Le sentier des douaniers en Bretagne», ISBN 978-2-7373-4206-6 (französisch, aber mit allen Detailkarten im Maßstab ca. 1:120 000). www.bretagne.visite.org
Karten: Zur Übersicht: Michelin 308 LOCAL Finistière, Morbihan, 1:175 000, und 309 LOCAL Côtes-d'Armor, Ille-et-Vilaine, 1:150 000. Detailkarten im empfohlenen Führer, siehe Informationen.

Unbekanntes Südfrankreich | 17

Eine Reise mit dem Esel durch die Cevennen

Wer kennt ihn nicht? Robert Louis Stevenson ist einer der berühmtesten Schriftsteller. Das herrliche Seeräubergarn «Die Schatzinsel» hat man vielleicht als Jugendlicher atemlos unter der Bettdecke gelesen. Oder den faustischen Psychokrimi «Dr. Jekyll und Mr. Hyde» sich gruselnd als Erwachsener. Stevenson war nicht nur Romancier, er war auch ein Reiseautor – von Alaska bis zur Südsee zu Hause. Am Beginn seiner Karriere kaufte er einen Esel, überschritt mit ihm in zwei Wochen ein fast unbekanntes Gebirge und schrieb über dieses Abenteuer das Buch «Eine Reise mit dem Esel durch die Cevennen».

1878 streifte der Schotte durch eine der schönsten und einsamsten Gebirgslandschaften Südeuropas. Seine störrische Eselin Modestine, die urwüchsigen Menschen und die großartige Landschaft inspirierten den 28-Jährigen zu seinem mit englischem Humor geschriebenen Buch. Seinen Spuren zu folgen, ist facettenreich: wilde Natur, «nature sauvage», wie die Franzosen das nennen. Vergessene Kultur, unbekannte Historie. Und leben auf einfache Art. Aber immer «wie Gott in Frankreich». Trekkers wilde, schöne Welt.

Herausforderung Modestine

Stevenson schrieb: «Die Reise, welche dieses Buch beschreiben soll, verlief unter günstigen Umständen und hat mir viel Spaß gemacht. In Le Monastier, einer kleinen Ortschaft in einem freundlichen Hochtal […], verbrachte ich etwa einen Monat schöner Tage. Le Monastier verdient Beachtung für seine Spitzenklöppeleien, für Trunkenheit, für ungehemmte Sprache […].» Heute ist das Dorf ein verschlafener Marktflecken. Viele Fensterläden bleiben tagsüber verschlossen, und die wenigen Menschen, denen man begegnet, sind meist alte Frauen. Touristen, die sich hierher verirren, haben wahrscheinlich die lauten Streitereien und die Sauflust im Kopf, über die sie in Stevensons Mini-Epos gelesen haben. Oder die Idee, den Spuren des Dichters mit einem Esel zu folgen. Hier kaufte er seine Eselin Modestine, ein Denkmal erinnert daran. «Man betrachtete mich mit geringschätzigem Mitleid wie einen, der im Begriff ist, zum unwirtlichen Nordpol aufzubrechen.»

Wir werden von Christian, einem Bergbauern, in den Umgang mit den Eseln eingewiesen. Diese verflixten, komplizierten Lederriemen des Halfters. «Wie rum?» Vorsicht ist geboten, die steinharten Hufe können wehtun, wenn ein «âne» austritt. Wer des Französischen mächtig ist, macht Überstunden mit der Broschüre «Conseils pour conduire un âne en randonnée», unserer sprichwörtlichen «Eselsbrücke» mit vielen «Eselsohren».

Einsamkeit garantiert. Der Cevennen-Nationalpark erinnert an die schottischen Highlands (linke Seite). Ein Eseltreiber hat mit Sicherheit keinen Appetit auf Eselsalami – «Âne» (oben).

Der Brite Stevenson war ein Aussteiger, er trieb sich als Sohn eines reichen Vaters in Bars und Bordellen herum. Seine große Liebe lernte er auf einer Frankreichreise kennen. Als Fanny, eine Amerikanerin, in ihre Heimat zurückkehren musste, stürzte sich Stevenson aus Liebeskummer in das Cevennen-Abenteuer.

Ein armer Kerl?! Stevenson musste erfahren, dass diese «Unpaarhufer aus der Familie der Pferde» nur gewaltsam zum Weitergehen zu bewegen sind. «Was ich brauchte, war etwas Billiges, Kleines und Zähes mit einem unerschütterlichen Gemüt, und alle Erfordernisse wiesen auf einen Esel hin […]. Schließlich [nach langem Handeln] trat Grauchen für 65 Francs und ein Glas Kognak in meine Dienste über.»

Stevenson hatte noch keinen dieser gut geschulten und willigen vierhufigen Freunde, die man sich heute ausleiht. «Ich schlug vorsichtig, beinahe zärtlich», wie er schrieb, «und es geht mir

Die Grautiere entwickeln durchaus Zuneigung – zu ihrem Führer und auch untereinander.

gegen den Strich, meine Hand roh gegen ein Frauenzimmer zu erheben.» Aber was blieb ihm bei der störrischen Eselin anderes übrig?

Der Pfad schlängelt sich ins Gazeille-Tal mit seinen vielen Mühlen, Richtung Le Bouchet-Saint-Nicolas. Auf einem Hochplateau mit Vulkangipfeln bewundert man den Weitblick und einen grandiosen Tiefblick ins Loire-Tal. Eine schöne und eine der einsamsten Gebirgslandschaften Südeuropas. Eine Wanderung an der Grenze zur Wildnis.

Der längste Tag

Esel sind nicht dumm und dickköpfig, wie häufig behauptet wird. Sie sind intelligent, folgsam und entwickeln Zuneigung. Der jüdische Philosoph Jacques Derrida empfand, wenn er Esel sah, etwas von der Freundlichkeit der Welt. In ihrem Blick sah er keine Feindseligkeit gegen den Fremden, sondern eine gelassene Neugier gegenüber dem, der da kommt.

Unsere Tragtiere lassen sich mit einer Karotte verwöhnen, um den langen Weg von Le Bouchet bis Langogne mit Anstand zu bewältigen. Die Versuchungen am Wegesrand sind für die zähen Tiere die Kastanien. Man kann die braunen Maronen durch die schon geplatzte Hülle lugen sehen. Hier war der «Brotbaum der Cevennen» das, was bei uns Getreidefelder sind. Man gewann und gewinnt daraus das köstliche «Brot der Cevennen».

Die Wanderung über ein Hochplateau zwischen den Flüssen Loire und Allier ist einsam. Bis nach Pradelles, einem ehemaligen «castrum», einer befestigten Handelsstadt aus dem Mittelalter. In der Dämmerung satteln wir die Esel in Langogne ab. Abendliche Lesestunde im Buch: «Monastierienser hatten mich einhellig vor den ausgefallensten Missgeschicken und vor jähem Tode in erstaunlich vielen Formen gewarnt. Kälte, Wölfe, Räuber...» Heute braucht man solche Katastrophen nicht zu befürchten.

Der Allier wird überschritten. Die vierhufigen Kameraden lassen sich durch die Einsamkeit bis Cheylard-l'Evêque führen. Unsere Gepäckträger sind wesentlich williger als die zu Stevensons Zeiten. Er beklagte sich: «Modestine beschleunigte ihren Gang für vielleicht drei Schritte und fiel dann wieder in ihren alten Schlendrian zurück.» Bis La Bastide-Puylaurent ist es der «längste Tag» – satte 24 Kilometer und um die acht wunderschöne Wanderstunden. Stevenson war weniger euphorisch: «Von allen erdenklichen Reisen versprach diese, die mühseligste zu werden.»

Die Cevennen sind geprägt durch brachliegende Heidelandschaften, Wälder, Berge. Ein Raum für Wildschweine, Hirsche, Rehe, Mufflons. Die Weitsicht ins Allier-Tal gehört zu den landschaftlichen Höhepunkten. Die Esel traben auf dem Régordane-Weg – der historischen Verbindung zwischen Nord- und Südfrankreich, die schon von Griechen und Römern benutzt wurde – zum 1850 gegründeten Kloster Notre-Dame-des-Neiges.

Eine tragende Rolle

Start und Ende eines Tages sind sogenannte «gîtes», Herbergen. Meist sind es malerische ehemalige Bauernhöfe, tief in den Bergen versteckt und im Winter unbewohnt. Dort, wo auch Stevenson sein gestresstes Haupt bettete, müde vom Kampf mit der störrischen Modestine: «Wir hatten allerhand Ungemach geteilt, und mein Herz war meinem Lasttier gegenüber noch so kalt wie eine Kartoffel.» Wir haben es besser, unsere Tiere tragen

Nationalpark Cevennen

Von den fünf Nationalparks des französischen Festlands liegt nur der Cevennen-Park nicht im Hochgebirge. Er bildet im Süden des Massif Central zwischen Mende, Alès und Millau ein Dreieck, unweit der Mittelmeerküste. Seine unverwechselbare Landschaft umschließt tiefe Schluchten, grüne Hügel, Wälder und die Causses, felsige, wasserarme Kalksteinplateaus mit einer üppigen Flora. Die höchsten Berge, Mont Lozère (1699 m), Mont Bougès (1400 m) und Mont Aigoual (1545 m), bauen sich aus Granit oder Schiefer auf und tragen eine reiche Vegetation. Ausgedehnte Nadelbaum-, Eichen-, Kastanien- und Buchenwälder überziehen die Berge. Einen krassen Gegensatz zur bewaldeten Gebirgslandschaft bildet der annähernd flache Causse Méjean, eines der großen Kalkhochplateaus der Cevennen und die am dünnsten besiedelte Gegend Frankreichs.
Die Kernzone des Parks ist nur von etwa 500 Menschen ständig bewohnt. Der imposanteste und malerischste Canyon ist jener des Tarn.

auch den Spitznamen «gentiânes», sie sind also «gentils ânes», freundliche Esel. Sie sind gut geschult, willig und leistungsfähig. Sie hören auf ihre Namen, sind gesellige Zeitgenossen und spielen ihre «tragende Rolle» – mit 40 Kilo Gepäck auf zwei Packtaschen verteilt – mit unserer ordentlichen Sattelorganisation ohne Murren. Deren Tücken hatten den unerfahrenen Stevenson zum Verzweifeln gebracht. «Ich hatte eine verteufelte Mühe, das schaukelnde Gepäck immer wieder ins Lot zu bringen. Ich war nahe am Weinen [...]. Dann tat ich etwas Sinnvolleres und hockte mich an den Straßenrand, um meine Lage unter dem belebenden Einfluss von Tabak und einem Schluck Brandy zu überdenken.»

Man durchstreift das Lozère, das am dünnsten besiedelte Département Frankreichs, eine der unbewohntesten Landschaften Europas. Seit dem Buch von Stevenson wurden die Cevennen bekannter, heute gelten sie als eines der schönsten Naturreservate des Kontinents. Tagelang treffen wir auf der Tour keinen Menschen. Die Landschaft erinnert manchmal an Schottland, sie widerhallt vom Klang der Glocken verstreuter Schaf- und Rinderherden.

Wir binden unsere Grautiere vor der heimeligen Herberge in Le Bleymard an und genießen die leckere lokale Küche. Stevenson dagegen war von diesem Gasthaus nicht begeistert: «Der Wein ist mäßig und der Brandy abscheulich. Der Besuch einer fetten Sau bei der Mahlzeit, die unter dem Tisch grunzt und sich an den Beinen reibt, war ein nicht auszuschließender Begleitumstand.» Seitdem hat sich viel geändert.

Stevenson berichtet von dieser Gegend, in der ein Wolf die Menschen in Schrecken versetzt hatte: «[...] im wilden Gévaudan, bergig, unkultiviert und erst neuerdings aus Angst vor Wölfen entforstet. Denn dies war das Land der Bestie, des Napoleon Bonaparte der Wölfe. Vogelfrei trieb er sich zehn Monate lang herum, riss Frauen und Kinder und Schäferinnen ‹von Liebreiz weit gerühmt›. Er verfolgte bewaffnete Reiter. Und wurde schließlich erlegt, für 10 000 Franc Kopfgeld.» Für einen Wolf damals eine sensationelle Belohnung.

Land der Rebellen

Die Grauchen bestimmen das Tempo, es liegt bei einer Eselstärke und damit bei etwa vier Stundenkilometern. Der höchste Berg der Cevennen, der 1699 Meter hohe Mont Lozère, ist eine Herausforderung inmitten einer großartigen Landschaft. Hinkelsteine markieren den Weg, der bei Nebel und schlechtem Wetter schwer zu finden ist. Das

Eine Wanderung mit tierischer Begleitung durch ein Stück unbekanntes Südfrankreich. Wenn ein gut trainierter Esel sprichwörtlich störrisch ist, hat der Führer (oder hier die Führerin) etwas falsch gemacht.

REGION
LANGUEDOC
ROUSSILLON

Die Tarnschlucht ist eine **der** Naturattraktionen Frankreichs (oben). Savoir-vivre und authentisches Leben in den traditionellen Herbergen – die Cevennen und Frankreich vom Feinsten.

Der Schotte Robert Louis Stevenson schrieb mehrere Weltbestseller. Eines seiner ersten Bücher, «Eine Reise mit dem Esel durch die Cevennen», wurde nie ein Hit, aber es ist die Bibel für den Trekker auf der GR 70.

Hochplateau erinnert wieder an Schottland, es ist ein Zentrum der französischen Schafzucht «und gestattet bei klarem Wetter die Sicht über die Niederungen des Languedoc bis zum Mittelmeer».

Wir binden unsere Tragtiere an eisernen Ringen in Natursteinmauern an und beugen uns eifrig über die Knotenzeichnungen mit dem Titel «Nœud d'attache longue». Hinter grauen Mauern versäumt man nicht, das liebevolle Museum im geschichtsträchtigen Le Pont-de-Montvert zu besuchen. Es schmiegt sich am Rande des Nationalparks dicht an den Tarn-Fluss. Oben Weideflächen, Heide, Buchen-, Birken- und Kastanienwälder. Ein paar Einwohner, Esel, Pferde, Ziegen und Schafe. Nach Stevenson sind dies «die Cevennen der Cevennen». Über die hierher geflüchteten protestantischen Camisarden und die Grausamkeiten während des Cevennenkriegs schreibt er: «In diesem unergründlichen Hügellabyrinth tobte zwei Jahre lang ein Krieg von Banditen, ein Krieg wilder Tiere zwischen dem Sonnenkönig mit allen seinen Truppen und Marschällen auf der einen Seite und ein paar Tausend protestantischer Bergbauern auf der anderen.» Eine spannende Fußnote der Weltgeschichte. Ludwig XIV. hatte die Hugenotten wegen ihres Glaubens verfolgen, foltern und ermorden lassen. Sie rächten sich mit einer heißen Schlacht im Ort.

«Die Cevennen sind unvergleichlich, keine andere europäische Region bietet auf so kleinem Raum so unterschiedliche Landschaftsbilder», schwärmt ein Reiseführer über die Gebirgslandschaft zwischen Mittelmeer und Zentralmassiv. Sie ist eine der urwüchsigsten, aber auch ärmsten und am wenigsten bevölkerten Regionen Frankreichs. Waldreiche Flusstäler, schroffe, zerklüftete Bergrücken, endlos weite, menschenleere Hochplateaus und tiefe, wasserreiche Schluchten bieten dem tüchtigen Naturliebhaber eine Fülle atemberaubender Schönheiten, wie man sie in dieser Intensität wohl nur in den Cevennen erleben kann.

Savoir-vivre

«Ein kleiner Teich vibriert vom Froschgesang, ähnlich dem tremolierenden Ton einer Trillerpfeife mit einer Erbse darin.» Von grauen Häusern mit südlicher Note durchquert man den waldigen Bougès-Gebirgszug. Von einem Kamm bietet sich

17 Stevenson-Weg, Cevennen, Frankreich

Anreise: Via Lyon und Le Puy nach Le Monastier: Flug nach Lyon, Bus bis Le Puy, Taxi nach Le Monastier (oder man startet auf dem GR 70 schon in Le Puy). Am flexibelsten ist man mit eigenem Auto.
Beste Reisezeit: Mai bis Oktober.
Charakter: Wandern auf den Spuren Stevensons, im Wesentlichen über den GR 70 (GR = Grande Randonnée, Fernwanderweg) von Nord nach Süd. Tragtiere für das Gepäck sind Esel. Gebirgseinsamkeit der Cevennen, eines Ausläufers des Massif Central, im Süden Frankreichs. Französisches Savoir-vivre. Duftende Natur, dichte Kultur und Geschichte. Wer nur eine sportliche Herausforderung sucht und den weltlichen Genüssen – wie hervorragende Essen und Trinken – nicht zugetan ist, versäumt etwas.
Anforderungen: Technisch leichtes, gut markiertes, aber konditionell forderndes Trekking über mehr als 240 km in durchschnittlichen Höhenlagen von tausend Metern. Leichte Rucksäcke. Höchster Punkt ist der Mont Lozère mit 1699 m. Bis zu 27 km am Tag und vier bis acht – allerdings gemütliche – Gehstunden über zwölf Tage. Man lernt den Umgang mit den Tragtieren bei den Eselverleihern. Während der Tour ist man für die Tiere verantwortlich.
Übernachtung: Hotels, gîtes d'étape (meist Bauernhöfe), chambres d'hôtes (Pensionen) an der Route, les.cevennes.free.fr/de/gasthofe.htm. Wichtig: Die Herbergen müssen eine Weide und Kraftfutter für die Esel bereitstellen.
Ausrüstung: Südliche Wanderkleidung, aber auch für kältere (Mont Lozère) und regenreiche Gelegenheiten vorsorgen.
Informationen: Buch: «Reise mit dem Esel durch die Cevennen», Bergisch-Gladbach, 2001. www.dav-summit-club.de organisiert diese Tour ganz oder teilweise. Kompetenter Eselverleiher www.ane-et-randonnee.fr/
Karten: Blätter IGN (Institut Géographique National) 1:25 000, 2736 E, 2736 O, 2737 E, 2739 OT, 2740 ET, 28360 O.

ein gewaltiger Weitblick über schier endlose Gebirgsketten. Wir steigen tief hinunter, durch violett betupfte Heidekrautwildnis in wilde Schluchten und über Terrassen, die in Jahrhunderten mühsam der wilden Landschaft abgerungen wurden. Trekker und Esel nutzen die Gelegenheit, die Füße in den klaren Flüssen zu kühlen. Oder wie wäre es mit einem frischen Bad im Naturwunder der Gorges, im glasklaren kühlen Tarn, das die Sinne weckt? Die schroffe Schlucht ist eine der Attraktionen Frankreichs, ein Naturmonument zwischen Wasser und Felsen.

Die Esel warten wie bei Stevenson «festgemacht an einer Buche mit einer Haltung unnachahmlicher Geduld». Nachmittags klappern Hufe über die Granitsteine einer «gîte d'étape» in den Bergen. Jeder Abend ist ähnlich. Feucht-fröhlich feiern wir die Rückkehr aus der Weltenferne. Und genießen nach anstrengenden Wanderstunden das sprichwörtliche Savoir-vivre – dunkelroten, samtigen Wein aus dem Languedoc und heimische Spezialitäten. Das Lozère ist bekannt für seine deftigen Köstlichkeiten.

Wieder das Stakkato der Hufe, diesmal auf dem Straßenpflaster von Florac. Wir führen die Esel unter Platanen durch die quirlige Kleinstadt mit südlichem Flair. Über kühne Brücken und durch Tunnel erreicht man später den alten Bahnhof von Cassagnas und schüttelt die Federbetten in einer netten Pension auf. Die Weide für die Esel ist hier wegen des nahen Flusses besonders saftig.

Grüße von Obelix

Geweckt wird man durch schmetternden Hahnenschrei und das Gackern zufriedener Hennen. Am hellblauen Himmel kreist ein Gänsegeier. Über Terrassen und durch tiefe Täler wandern wir unter der wärmenden Sonne des Midi bis zur Herberge in St-Germain-de-Calberte.

Die südlichen Cevennen sind besonders farbenprächtig. Prähistorische Dolmen und Hinkelsteine stehen am Weg – wie vom Comic-Helden Obelix lässig hingeworfen. Der Col de Saint-Pierre ist eine Aussichtsplattform mit großartigem Weitblick.

Am Ende der Berge verläuft die Wanderroute nach etwa 240 Kilometern und zwölf Tagen in der Weite des Midi. Wie bei Stevenson. Als Herr und Eselin am 4. Oktober 1878 endlich die kleine Stadt Saint-Jean-du-Gard erreichten, waren beide am Rande der Erschöpfung. Stevenson verkaufte seine Modestine – und war wieder frei.

Wir sind auch am Ziel der Reise. Oder doch nicht? Hatte doch Stevenson unser aller Leidenschaft treffend beschrieben: «Ich reise wegen des Reisens. Worauf es ankommt, ist in Bewegung zu sein [...] aus dem Pfuhl der Zivilisation auszusteigen und zu finden, dass der Boden unter den Füßen aus Granit besteht und mit schneidenden Kieseln bestreut ist. Wenn man in der Gegenwart so stark gefordert ist, wie kann man sich da über die Zukunft Sorgen machen?» Sind diese Worte, vor erstaunlichen fast eineinhalb Jahrhunderten geschrieben, heute für uns Trekker nicht noch wahrer?

Die Sonne legt einen goldenen Dunstschleier über die Hügelkuppen, die Täler sind schon in tiefe Schatten getaucht. Stevenson überfiel nach seiner Tour eine wehmütige Stimmung. Zwei Wochen gemeinsam mit Modestine überstandener Strapazen verbinden. Wir bringen einen Toast auf den Briten aus. Auf einen Aussteiger, würde man heute sagen. Und noch einen auf die Cevennen. Und einen besonderen auf die Esel. Und auf ... Man findet in Hochstimmung immer wichtige Gründe, das Glas zu heben.

Diese perfekte Eselmotivation ist ein Geheimtipp.

Haute Randonnée Pyrénéenne | 18

Über die HRP auf hohen Routen vom Atlantik zum Mittelmeer

GR heißt französisch «Grande Randonnée», Große Wanderung. GR 10, GR 11 und HRP sind drei Wege, welche die Pyrenäen in ihrer gesamten Länge vom Atlantik bis zum Mittelmeer überqueren. Die längste der Traversen, die GR 10 in Frankreich, ist bestens markiert und fordert den Wanderer über etwa 60 Tage. Die Anforderungen auf der GR 11 auf der spanischen Seite sind ähnlich, wenn die Tour auch nicht ganz so lang ist. Die HRP, die «Hohe Pyrenäen-Route», kümmert sich nicht um französische, spanische oder andorranische Grenzen, ist oft abseits von Wegen – und sehr sportlich.

Der Trek erfordert den erfahrenen Alpinisten auf der schnellsten, «höchsten» und idealsten Möglichkeit, die Kette der fantastisch schönen Pyrenäen vom Ozean zum Meer zu überschreiten: ein Super-Trekking über sechs Wochen unter südlicher Sonne.

Der Kopf in den Wolken

Alleine startete ich nach einem symbolischen Bad im kühlen Atlantik. Danach gibt es durchaus Momente des Zweifels während 43 Tagen – weit weg von Frau, Haus, Hund und Kater. Aber wenn ein ruheloser Bergsteiger an einem runden Geburtstag von seiner Angetrauten die folgenden Zeilen geschrieben bekommt, zögert er nicht lange, sie in die Tat umzusetzen: «Gutschein für logistische und aktive Unterstützung zu Lande, zu Wasser und in der Luft für die Durchquerung der Pyrenäen vom Mittelmeer bis zum Atlantik, wahlweise auch umgekehrt.» Ich wählte die HRP. Das Ende war am Mittelmeer, in Fernsichtweite unseres Hauses am Ufer der «Grande Bleue». Eine Unterstützung kam für mich nicht infrage – eines der zwei Hemden und die Unterhosen wusch ich fast täglich selbst –, wohl aber zwei Treffen unterwegs, um die Ehe zu erhalten. Wieder einmal war der Weg das Ziel, neudeutsch «by fair means», wie ich es in Jahrzehnten Bergsteigerei gelernt habe.

Dafür stehen am Anfang im regnerischen Baskenland anstrengende und feuchte Tage durch ein grüneres Grün, als ich es bisher kennengelernt habe. Wie Oberbayern vom Feinsten, aber der Nebel und die Kühle wollen mich entmutigen. Eine psychologische und physische Trekking-Herausforderung, denn weder der Körper noch der Geist sind auf eine solche Prüfung vorbereitet. Und dann bringt mich auch noch das hinterlistige Tentakel eines Brombeerstrauches aus der Balance. Meine 78 Kilo Körpergewicht plus die 25 Kilo Rucksacklast addieren sich beim Aufprall auf einen Kalkfelsen, der mir die Stirnhaut bis zum Schädelknochen skalpiert. Mit vierzehn Stichen wird das Problem durch einen Dorfarzt mit primitivem medizinischem Besteck genäht. So perfekt, dass ich mir auch heute noch eitel einbilde, wieder Chancen bei den Damen zu haben.

Der Nationalpark Aigüestortes i Estany de Sant Maurici liegt im Zentralteil des Gebirges. Er ist der einzige Park von Spaniens autonomer Region Katalonien und gilt als einer der schönsten des Gebirges (linke Seite). Schwer ist der Rucksack beim Start am Ufer des Ozeans (oben).

Weniger ist schneller

Gegen den ärztlichen Rat starte ich am nächsten Tag wieder. Ein Dutzend Geier streichen aus einem toten Kastanienbaum davon. Ein böses Omen? Mein rechtes Auge ist veilchenblau und geschwollen. Die Verletzung, der schwere Rucksack, mit Steigeisen, Pickel und viel zu viel unnötiger Nahrung … die Widrigkeiten potenzieren sich mit dem schwerer werdenden Weg. Weder der Kopf noch der Körper sind auf so etwas vorbereitet. Bis ich wieder einmal dahinterkomme, dass weniger mehr bedeutet. Der Rucksack wird

Wie eine Festung liegt das Kloster Saint-Martin-du-Canigou in der einsamen Bergwelt der Ostpyrenäen an den Flanken des 2785 m hohen Pic du Canigou (rechts). Felsige Farbenspiele am Col du Somport (1632 m), einem der ältesten Passübergänge zwischen Spanien und Frankreich (rechte Seite; oben). Klare Wasser und grüne Täler kennzeichnen die baskischen Pyrenäen (rechte Seite; unten).

drastisch ausgedünnt. Wozu ein Zelt? Ein Biwaksack reicht auch. Eine Liegematte? Der große Rucksack ist perfekt gepolstert, um mit dem Oberkörper darauf zu liegen. Kocher und Brennstoff? Es gibt in den Pyrenäen überall sauberes Wasser – kalt schmeckt es am besten. Nahrung kann ich ungefähr alle drei Tage einkaufen. Und wenn nicht, dann reicht eine Handvoll Nüsse auch mal über den Tag. Diese Entscheidungen erleichtern das Rucksackgewicht um acht Kilo, erhöhen die Marschgeschwindigkeit erstaunlich und bringen mich in optimale Nähe zu meinem «Kampfgewicht». Und meistens übernachte ich sowieso unter irgendeinem heimeligen Hüttendach mit einer für Bergunterkünfte ungewöhnlich guten Küche.

Feuchtschwanger scheint der Himmel am nächsten Morgen herunterzufallen. «Bonjour, tristesse!» Auch im tropfnassen Nebel ahnt man die Schönheit der Landschaft und den Berg Iraukotuturru. Das Baskische hat so seine Tücken.

Bei 1200 Metern zaubert die Sonne im sich lichtenden Nebel unwirkliche Strahlen durch die Baumkronen. Bald ist der Blick auf die stolze Pyramide des Pic d'Anie frei. Ich verlasse die baskischen Pyrenäen und betrete die Hochpyrenäen mit ihren 127 Dreitausendern.

Pyrénéeiste

Mit dem hervorragenden Topoführer von Georges Veron und den exakten französischen und spanischen Karten verlaufe ich mich auf den Hunderten von Kilometern nur einmal. Warum dieses eine Mal? Alle französischen GRs sind rot-weiß markiert. Und wenn sich diese kreuzen, kann es passieren, dass man die falsche Abzweigung nimmt. Und ich nehme auf einer GR-10-Etappe einmal die unrichtige. Das erhöht die Marschzeit dieses Tages auf sechzehn Stunden, was in der Summe der Stunden, Kilometer und Höhenmeter der HRP unbedeutend ist.

Ich mutiere vom Alpinisten zum «Pyrénéeiste», genauer zum «HRPéiste». Der Gebrauch von Höhenmesser, Bussole und Karten ist wie der seit Kindheit geübte Gebrauch von Messer und Gabel: Die Werkzeuge werden selbstverständlich. Jeden Tag marschiere ich acht bis zwölf Stunden, einige Male deutlich mehr. Und damit ist wirklich nur die Zeit gemeint, in der ich die Beine bewege. Denn dazu kommen noch Pausen, um durchzuatmen, zu essen, eventuell das Biwak zu präparieren, den folgenden Tag vorzubereiten ... Im Zentrum des Parc National des Pyrénées steige ich durchschnittlich 1400 Höhenmeter pro Tag. Das wird zur Normalität – besser: zum Genuss.

Der Cirque de Lescun ist ein Schaustück ersten Ranges.

Am Col des Moines brechen die Wolken auf, dramatisch der Anblick der gewaltigen Pyramide des Pic du Midi d'Ossau, auch «Die Majestät» genannt. Das ist die HRP vom Feinsten, eine der schönsten Etappen des Gebirges.

Der Cirque de Gavarnie ist beeindruckend schön, aber auch ungewohnt touristisch überlau-

«Auf den Bergen wohnt die Freiheit» – auch in den Pyrenäen.

fen. Ein mehrere Hundert Meter hoher Wasserfall stiebt die steilen Wände hinunter. Die berühmte Brèche de Roland ist eine tiefe Kerbe in dem gewaltigen Felsenrund.

Dann stehe ich auf des Schottergipfel des 3403 Meter hohen Pic d'Aneto, des höchsten Bergs der Pyrenäen, mit einer gewaltigen Aussicht. Abends belohne ich mich in einem «Refuge» mit einer Flasche Wein und bald darauf mit dem traumhaft schönen spanischen Parc National d'Aigüestortes i Estany de Sant Maurici – eine Welt aus kühnen Granitgipfeln mit Eiszeitseen, gischtenden Bächen und Wasserfällen, mit einer Blumenpracht, tiefgrünem Wald und bizarren toten Bäumen. Im Tagebuch steht: «Wieder einmal den ganzen Tag keinen Menschen getroffen.»

Im Jungbrunnen wandern

Es war schon im Jahr 1817, als der auch in den Alpen berühmte Bergsteiger Frédéric Parrot die erste «Transpyrénéenne» in 53 Tagen wagte. Welcher Trekker, der die Pyrenäen ein wenig kennt, hat nicht von der etwa 450 Kilometer langen Kette geträumt, die das Mittelmeer vom Atlantischen Ozean trennt? Viele Poeten haben das großartige Gebirge dargestellt und sogar besungen. Welcher

Vom Grand Large zur Grande Bleue

Die HRP hat ihren Anfang in Hendaye am Atlantik, dem Grand Large, der «Großen Weite», wie die Franzosen den Ozean nennen. Er führt über die höchsten Pässe der Pyrenäen, vorbei an den höchsten Bergen – oder über sie. Mal in Frankreich, mal in Spanien – bis nach Banyuls-sur-Mer zum Mittelmeer, der Grande Bleue, was so viel heißt wie die «Große Blaue».

Die Schwierigkeiten sind unterschiedlich: von Forstwegen zu markierten Bergpfaden über Geröll und Blockfelder bis zu weglosem und unmarkiertem Terrain. Täglich sind meist deutlich mehr als 1000 Höhenmeter zu bewältigen. Wer nicht 41 Trekkingtage hintereinander Zeit hat (wer hat die schon?), kann den grandiosen Trek in zum Beispiel fünf Teile zerlegen, die auch vom Charakter her in sich homogen sind:

1. Teil: Vom Atlantik zum Massiv Pic d'Anie (Hendaye-Plage–Refuge d'Arlet): Etappen 1 bis 9. 9 Tage.

2. Teil: Der französische Pyrenäen-Nationalpark (Refuge d'Arlet–Parzan): Etappen 10 bis 17. 8 Tage.

3. Teil: Vom französischen Pyrenäen-Nationalpark zum spanischen Val d'Aran (Parzan– Port de la Banaigua): Etappen 18 bis 24. 7 Tage.

4. Teil: Von Garonne bis Puymorens (Port de la Bonaigua–Col de Puymorens): Etappen 25 bis 32. 8 Tage.

5. Teil: Die Pyrénées orientales (Col de Puymorens–Banyuls-sur-Mer): Etappen 33 bis 41. 9 Tage.

Winzig erscheinen die Wanderer unter den Wänden der Hochpyrenäen (oben). Hüttenleben im Refuge de Bayssellance (2651 m). Die Nordwand des Vignemale ist ein begehrtes Kletterziel. Am Hauptkamm stehen mehr als 200 Gipfel über 3000 m (links).

kundige Wanderer hat sich nicht schon vorgestellt, einen der fantastischen Sonnenaufgänge zu erleben? Oder unter südlicher Sonne zu marschieren? Welcher Naturliebhaber hat sich nicht gewünscht, dieses Gebirge Schritt für Schritt zu erkunden? Und die Vielfalt der Blumen, der Tiere, der oft bizarren Felsengestalten in der wilden Landschaft und das milde Klima zu erleben? Welcher informierte Bergsteiger hat sich nicht vorgestellt, seine Füße auf einen der berühmten Gipfel zu setzen? Auf der HRP werden solche Fantasien Realität.

Physisch steigere ich mich Tag für Tag. Im letzten Drittel der Tour marschiere ich leichtfüßig bis zu 800 Höhenmeter in einer Stunde – mit einem Rucksack von rund achtzehn Kilo auf dem Buckel. Die HRP ist ein Jungbrunnen.

Dann überschreite ich die Pyrénées orientales. Sich Schritt für Schritt dem Mittelmeer anzunähern, zuletzt durch Garrique, mediterrane Steineichen-Wälder und Olivenhaine, ist nach sechs Wochen eine Rückkehr zu den Wurzeln, besser bekannt und wieder Neudeutsch «back to the roots».

Auf dem Gipfel des Canigou, des «Olymps der Catalanen», mit Blick auf das gleißende Mittelmeer, kommen Erinnerungen auf. Dort wurde mir vor zwei Jahren die Freiheit für diesen Egotrip geschenkt. Ich werde mir bald einen Traum erfüllt haben. In drei Tagen bade ich die heißen Füße im klaren Wasser an der Côte Vermeille bei Banyuls. Dann werden die sechs Wochen zu einem der Höhepunkte in meinem reichen Trekking-Leben zählen. Und es wird wieder mein Geburtstag sein. Leider kein runder!

Wer die HRP geht – ob an einem Stück oder in Etappen – wird begeistert davon berichten. Das sei dem tüchtigen Trekker versprochen.

18 Haute Randonnée Pyrénéenne, Frankreich/Andorra/Spanien

Anreise: Mehrere Flughäfen in Startnähe, z. B. Toulouse, Bordeaux, Bilbao … Perfekte Zug- und Busverbindungen nach Hendaye und Banyuls. Überall gutes Straßennetz.

Beste Reisezeit: Juni bis Oktober. Wegen Gewittergefahr sind Mitte August bis Anfang Oktober zu bevorzugen.

Charakter: Die Pyrenäen haben eine West-Ost-Ausdehnung von etwa 450 km. Herausragender, interessanter und abwechslungsreicher, aber manchmal auch anspruchsvoller Langstrecken-Trek. Im Zentralbereich alpiner Charakter, der bergsteigerische Kenntnisse erfordert. Ungewöhnliche Wegstrecke von etwa 620 km. 44 500 Höhenmeter, jeweils im Aufstieg und im Abstieg. Etwa 170 Marschstunden! Der Trek kann in mehrere Abschnitte unterteilt werden (siehe Kasten).

Anforderungen: Der ausdauernde, erfahrene, leidens- und leistungsfähige Tourengeher ist gefragt. Oft (echte!) 10 Stunden Gehzeit/Tag plus Pausen! Orientierungsvermögen und Umgang mit Karte, Kompass und Höhenmesser unbedingt erforderlich. Auf der französischen Seite wird öfter auf der GR 10 gewandert (rot-weiß markiert), auf der spanischen Seite auch mal auf der GR 11 (gelb-rot markiert). Oft kein Handyempfang.

Übernachtung: Meist Berghütten, aber auch Gîtes d'étapes, Hotels, Pensionen. Voranmeldung empfohlen.

Ausrüstung: Wanderausrüstung. Großer Rucksack! Im Zentralbereich auch Pickel und Steigeisen (oder mindestens Grödel und Teleskopstöcke). Bussole und Höhenmesser. Notbiwakausrüstung.

Informationen: Führer «Haute Randonnée Pyrénéenne» von Georges Véron, ISBN 2-84182-191-9 (französisch), mit allen Kartenausschnitten und eingezeichneten Routen. Gute Informationen auf www.mitrucksack.de/infos_zu_den_pyrenaeen.htm.

Karten: Für die Übersicht: Cartes Michelin Nr. 344, 343 und 342 1:150 000. Zusammen mit dem detaillierten Führer (siehe Informationen) reichen die folgenden Wanderkarten 1:50 000 im Allgemeinen aus: Carte de Randonnées, Institut Géographique National IGN, Rando éditions Pyrénées N° 1, 2, 3, 4, 8, 10, 11 und mapa excursionista, Institut Cartogràfic de Catalunya ICC, Rando éditions Pirineos 21, 22, 23.

Weideidylle in Andorra (oben). Im Anblick des Mittelmeeres das letzte Biwak. Der Endpunkt der HRP, Banyuls-sur-Mer, ist nur noch einige Stunden entfernt (links).

Der etwas andere Tanz auf dem Vulkan

Eiskalt ist das heiße Haupt des Ätna

19

Sizilien ist fast ein kleiner Kontinent – und ein Gebirge im Meer. Der Klotz vor der Spitze des italienischen Stiefels ist eher zu Afrika als zu Europa gehörig. Die größte Insel des Mittelmeers ist voller Gegensätze: Zitronenhaine und glühende Sonne; quirlige Städte als Schmelztiegel vieler Völker und Kulturen und einsame Berge. Aber auch das schneeverkrustete Massiv des Ätna mit eisigem Sturm nahe der Sahara und Vulkanismus im Eis.

Der um 3300 Meter hohe Vulkan über der Vitalität Catanias ist von Ferne ein Bild reiner, weißer Schönheit, gekrönt von einer ständigen Rauchfahne und bedeckt mit pechschwarzer Lava – ein heißkalter Riese. Es gilt, einen der aktivsten Vulkane der Erde, den größten Europas, zu erkunden. Mit Skiern ist man danach «Feuer und Flamme».

Heißer Schnee

In unseren Breitengraden ist Anfang April Schmuddelwetter, am Fuße des Ätna herrscht Frühsommer. Die scheinbare Sanftmütigkeit des bekanntesten Postkartenmotivs Siziliens trügt. Die Orangenbäume am Fuße des gewaltigen Berges sind nur Tünche über der nackten Gewalt des Vulkans. Zerrissene Felder erloschener Lava, zermalmte Häuser und verschüttete bizarre Bäume stehen im Kontrast zum Weiß des ewigen Schnees und der blühenden Plantagen.

Das Monstrum hat einen Umfang von über 140 Kilometern und außer den drei Hauptkratern in der Gipfelzone über 200 Nebenkrater an den schwarz-weißen Flanken. Die lebensfeindlichen und schneebedeckten Lavawüsten dieses «Gebirges im Meer» sind für Skibergsteiger ein exotisches Ziel. Der Kontrast ist groß: südliche Sonne, kalter Sturm, Firnschnee und heißer Vulkanismus.

Und dieser lebendige Berg soll ein ideales Skitourenziel sein? Spannend wird es, wenn man das verkrustete Massiv des Ätna anfliegt. Der von Schnee überzogene Berg hat eine großartige symmetrische Gestalt, erfüllt seine Pflicht als Touristenattraktion und pafft eine fotogene Rauchfahne in den heiteren Himmel.

Klaus ist der beste Skitourengeher unter uns und hat in den heimischen Alpen von Kindesbeinen an verschneite Berge erstürmt. Thommy kennt «das große Weiß» auch von Arktisexpeditionen. Franco hat es aus dem Trentino als Bergführer hierher verschlagen. Er lebt am Fuße des heißesten und gewaltigsten Vulkans Europas und kennt die nicht ungefährliche Schönheit wie seine Westentasche. Nur Sebastian ist waschechter Sizilianer – auch er führt Touristen auf das Massiv und hat die Gipfel des Berges vielfach bestiegen, der seine Höhe durch den laufenden Aufbau aufgrund der Eruptionen inzwischen auf über 3300 Meter «hochgeschraubt» hat. Wo gibt es das sonst: einen Berg, der wächst!?

Wir sind ein gutes Team. Am Rifugio Torre del Filosofo, 2900 Meter über dem dunstigen Meer, ziehen wir bei einem bizarr erstarrten Lavastrom die Felle auf die Skier. Hier in der Nähe habe sich der griechische Philosoph Empedokles in einen Krater gestürzt, um «mit der Erde zu verschmelzen», erzählt die Sage. Die Vereinigung gelang in der 1100 Grad heißen Lava wahrscheinlich vollkommen.

Mongibello, der Berg der Berge

So nennen die Sizilianer liebevoll das heiß-kalte Monster. Unter uns wummert es. Der Vulkan rülpst und fegt eine Gasfahne in den blauen Him-

Anstieg mit Skiern zu einem «überdimensionalen Aschenbecher» (linke Seite; oben). Willkommen in der hohen Arktis: extreme Minustemperaturen auf dem «Leuchtturm des Mittelmeeres» auf 3300 m Höhe (linke Seite; unten). Manchmal bietet der hyperaktive Vulkan in der Nacht ein schaurig-schönes Schauspiel (oben).

Das tiefgefrorene Rifugio Alpino ist der Startpunkt für die Besteigung (und Überschreitung) des Ätna. Im Winter ist es unbewirtschaftet, aber offen. Ein Tiefkühlbiwak ist garantiert, aber einem Zeltbiwak vorzuziehen (oben). Für Skibergsteiger ein exotisches Ziel: die verschneiten Flanken des Ätna (rechte Seite).

mel, die sofort vom Sturm verweht wird. Es ist arktisch kalt. Der Ätna «steht voll im Wind». Bis zu den Bergen der Sierra Nevada in Spanien gibt es keinen höheren Gipfel. Äolus, der Beherrscher der Winde in der griechischen Mythologie, ist erzürnt über unser läppisches Treiben und jagt uns fauchend eine eiskalte Böe um die Kapuzen. Der Wind-Chill-Faktor wirkt in Sizilien nicht anders als in den Polarzonen und zerrt an den Anoraks.

Wir spuren durch die schwarze Schlacke eines Hochofens mühsam aufwärts. Unten gleißt das Meer der wilden Zyklopenküste. Die 70 Meter hohen Klippen soll nach Homer der einäugige Riese Polyphem aus den Flanken des Ätna gerissen haben, um sie nach dem fliehenden Odysseus zu werfen. Büßerschnee ist beinhart gefroren. Vor dem Gipfelschneefeld, das am warmen Kraterrand in schwarzem Bimsstein endet, haben wir Respekt. Unterirdische heiße Gase haben den Schnee unterhöhlt. Wir steigen vorsichtig wie in Gletschergelände.

Die permanente Aktivität konzentriert sich auf den Hauptkrater, den Cratere Centrale, und den Nordostkrater, die Bocca Nord-Est. Die Lava steigt oft bis zu den Kraterrändern, die «Gipfel» bilden. Am Kraterrand faucht es und zischt, brodelt und wirbelt, dampft und gast. Der Nordostkrater wurde erst 1911 geboren, die neben dem Hauptkrater liegende Bocca Nuova entstand 1968. Gebannt sitzen wir und schauen dem wehenden Spektakel zu. Wir husten. Der Schwefel schlägt auf die Bronchien und verbreitet den Geruch fauler Eier.

Unten ahnen wir die quirligen Bustouristen beim Rifugio Sapienza, einem Touristenzentrum, vergleichbar mit der Talstation der Eibseebahn auf die Zugspitze: Mordsrummel, Touristenbusse, Andenkenshops, aufgeregte Kinder, die sich auf das Wunder «Schnee» stürzen. Man denkt unbehaglich: «Wird es heute den großen Knall geben? Den Super-GAU?» Wir ziehen die Kapuzen dichter und verständigen uns brüllend gegen den scharfen Wind, der die Bocca Nuova umheult.

Am Vorhof zur Hölle

Mit leichtem Rucksack spuren wir zum Rand des Cratere Nord-Est, der höchsten Stelle des Bergmassivs. Wie lange noch wird er der Kulminationspunkt sein? Der Sturm braust günstig aus Westen und jagt die Rauchwolken und eiskalten Nebel in die gute Richtung. Beißender Schwefeldampf beschlägt die Brillen und lässt uns husten. Nur kurz ahnen wir in der Waschküchenluft den glutroten Schimmer des Magmas. Hephaistos' Workshop ist in Aktion.

Wir starten die ersehnte Abfahrt nach Norden. Erst mühen wir uns durch Bruchharsch, weiter unten schwelgen wir in bestem Firn. Über eine weite, gewellte Hochebene «lassen wir es laufen». Wir fetzen über den konvexen Hang und scheinen über dem Grün der tiefen Felder in einem luftleeren Raum zu schweben. Bizarre Lavasäulen bringen uns zum Staunen: Wir flitzen durch eine eiskalte Märchenwelt aus Gnomen und Feen. 300 sichtbare Adventivkrater bedecken den Ätna wie Warzen. Eine Wahnsinnsabfahrt über 2000 Höhenmeter!

Der eisige Feuerbauch

Der Grappa schmeckt bei der Rast vor der Grotta del Gelo, einer durch eine Eruption entstandenen Eishöhle. Wir klicken uns in die Steigeisen-Bindungen und klettern in den durch eine Gaseruption entstandenen Hohlraum. Das Licht der Stirnlampen tanzt irrwitzig über glasige Wände, die Zacken scharren auf hartem Schmelzwassereis.

Skiüberschreitung des Mongibello

Vom Rifugio Sapienza (Stazione Sud) mit Seilbahn (wenn sie fährt und nicht von der Lava verschüttet ist!) zum Piccolo Rifugio. Nordwärts zum Rifugio Alpino (Torre del Filosofo). Im Winter nicht bewirtschaftet, aber meist offen, «Biwak» in der kalten Hütte. Weiter nordwärts auf den Gipfel der Bocca Nuova, ca. 3260 m. Kurzer Abstieg und Anstieg zum Cratere Centrale, 3347 m. Dann endlose Abfahrt nach Norden (später nach Nordosten) bis zum Liftgebiet von Piano Provenzana. Der Besuch der bizarren Eisgrotte Grotta del Gelo mit kurzem Gegenanstieg ist sehr empfehlenswert. Mit Abstecher zur Grotte fast 2000 Abfahrtshöhenmeter!

Das Massiv ist ein Naturpark

Der Parco dell'Etna wurde erst 1987 gegründet. Er umfasst mehr als 50 000 Hektar und ist in mehrere Schutzzonen unterschiedlicher Priorität eingeteilt. Das Massiv bildet den heißesten, aktivsten und gewaltigsten Vulkan Europas – und einen der zornigsten der Erde. Die Flanken, aber auch die Gipfel, sind ständigen Veränderungen unterworfen. Deshalb sind Höhenangaben auf den Karten mit Vorsicht zu genießen: 3350 Meter können höher oder niedriger sein, als der Höhenmesser zeigt. In den tieferen Lagen entfaltet sich eine reiche Botanik. In den abgelegenen Teilen kreucht und fleucht eine für Italien erstaunlich vielfältige Fauna – bis hin zum Adler!

Ein kurzer Gegenanstieg, dann wird der Firnhang konvex – und steil. Lustvoll jauchzend fegen wir tiefer. Die grüne Ebene ganz unten lässt die Freuden der fruchtbaren Weinberge erahnen. Über uns steht eine große Rauchwolke: Der Ätna atmet. Wir schwingen hinein in eine Frühlingswelt.

Die ersten Blumen zeigen sich auf einem jahrhundertealten Lavastrom, dann, weiter unten, Pinien. Neues, fruchtbares Leben entsteht aus wertvoller, erkalteter Magma. Die ersten Häuser von Piano Provenzana tauchen auf. Firnschnee stiebt, als wir beim Rifugio abschwingen. Die Überschreitung des vitalen Skiberges liegt hinter uns, vom Rifugio Sapienza im Süden bis zur Skistation im Nordosten: ein Tanz auf dem Vulkan.

Die Steilrinnen der Pineta di Linguaglossa fuhren wir im Traumfirn. In der Grotta del Gelo stiegen wir in den eisigen Bauch des Vulkans. Auf dem mondähnlichen Plateau Piano del Lago mit seinem zu kunstvollen Skulpturen erstarrten Magma war die Orientierung nicht einfach. Ein exzentrisches Bergerlebnis. Der Zitronenhain auf Meeresniveau signalisiert: Wir sind zurück aus einer eisigen Welt.

Wooouumm! Wieder grollt es. Der quicklebendige Vulkan ist unberechenbar. Fontänen glühender Lava sind hinter den weißen Gaswolken zu erahnen. Amerikanische Touristinnen sind einem klimatisierten Bus entstiegen. «Oh, you crossed the Etna ... nice ... marvelous.» Ausnahmsweise haben die Amerikanerinnen recht. Wir nehmen die Komplimente artig an und prosten uns mit dem süffigen Roten von der fruchtbaren Erde aus den Lavaströmen am Fuße des Vulkans zu.

Der Berg nimmt – und gibt.

19 Ätna, Sizilien, Italien

Anreise: Flüge nach Catania oder Messina. Oder mit Reisezug nach Messina, weiter nach Catania. Mietwagen an den Flughäfen und Bahnhöfen. Diverse Buslinien zu den Stationen am Ätna. Die Nähe zu Catania und zur Autobahn A18 erlaubt ein einfaches Erreichen des Parks. Es gibt ein gutes Straßennetz bis in Höhen von 2200 m.

Beste Reisezeit: Für Skitouren Februar bis Mitte April. Im Winter in den Gipfelregionen arktische Temperaturen. Schnee bis in den Frühsommer. Durch die exponierte Lage auch extremer Wind.

Charakter: Exotischer kann eine Skitour kaum sein! Der Ätna ist ein Skitourengebiet par excellence. Lawinengefahr besteht an den Nord- und Ostseiten des Ätna wie in den Alpen. In der Weltenferne des heißen Firns trifft man kaum andere Skibergsteiger.

Anforderungen: Orientierungsvermögen im einförmigen Wellengelände ist gefordert. Anfänger am Berg haben auf dieser Tour nichts verloren. Oder man nimmt sich einen Bergführer. Keine besonderen skitechnischen Schwierigkeiten.

Übernachtung: Ausgangspunkt Rifugio Sapienza hotelartig. Das Rifugio Alpino am Torre del Filosofo ist im Winter nicht bewirtschaftet, aber offen. Oder in der Nähe Zeltbiwak unter dem Mongibello, was zum Spannendsten gehört, was man als Skibergsteiger erleben kann. Am Endpunkt La Provenzana mehrere Pensionen und CAI-Hütte Rifugio Nord-Est.

Ausrüstung: Skitourenausrüstung. Bussole, Höhenmesser. Hochtourenkleidung. Steigeisen und Pickel können im Spätwinter und Frühjahr hilfreich sein. Kocher.

Informationen: Parco dell'Etna, www.parks.it/parco.etna/iti.html (italienisch, mit vielen Tourentipps). Parco dell' Etna, Guida turistica, Ente Parco dell'Etna, ISBN 88-365-0482-5, hervorragend, mit Kartenausschnitten und allen wichtigen Informationen.

Karten: Parco dell'Etna, Carta turistica, 1:50 000, Ente Parco dell'Etna. ISBN 88-365-0482-5.

Am Kraterrand schlägt der Schwefeldampf auf die Bronchien und verbreitet den Geruch fauler Eier. (oben). Idealfirn über fast 1500 (!) Abfahrtshöhenmeter: Skifahrers Traum (links).

Operation Wüstenschiff

Auf wilden Wassern in die Sahara

20

«Bar bela Ma», Meer ohne Wasser, nennen die Berber, Bewohner der Nordsahara, die größte Wüste der Erde. Eines der lebensfeindlichsten Gebiete des Globus ist ihr Territorium. Umso verrückter erscheint es, dort zu paddeln. Exotischer und kontrastreicher kann ein Kanu-Trekking kaum sein: Wüste und wilde Wasser sind ein Widerspruch in sich.

Die Einfahrt in die himmelhohe Mohammed-Schlucht erfordert Überwindung. Doch sind die folgenden Wildwasserschwierigkeiten erstaunlich moderat (linke Seite). Seguias heißen die mühsam aufgeschichteten Staustufen am Drâa. Für den Kanuten sind es schwer kalkulierbare Hindernisse (oben).

Kasbahs, Kanus, Katarakte

Die beiden Schlauchkanadier reiten die Schwälle gut ab. Wir werden durchgeschüttelt und tauchen die Stechpaddel kräftig ins eiskalte Wasser. Selbst jetzt, im Frühjahr, steht die Sonne, gegen die wir uns mit indigogefärbten Chèchs, den blauen Berbertüchern, schützen, glühend im Zenit. Bunt gekleidete Frauen hocken am Fluss und waschen die Djellabas ihrer Männer. Ein Esel schreit infernalisch, Dromedare schreiten hochnäsig im Sand, und Kinder laufen lachend auf uns zu. Wildwasserboote müssen am Rande der Wüste ein ähnliches Ereignis sein wie die Landung eines UFOs vor dem Rathaus einer Großstadt. Wir winken nur kurz, denn der Dadès fordert mit seiner scharfen Strömung und den Verblockungen unsere Aufmerksamkeit.

Die Berber bewohnen ein Land warmer Farben und bizarrer Naturformationen. Ihre Lehmhütten stehen zwischen den schneebedeckten Viertausendern des Atlas und den Sanddünen der Wüste. Die fröhlichen und gastfreundlichen Menschen in der marokkanischen Westsahara leben in einer Gebirgs-, Stein- und Sandwildnis, die tatsächlich von wilden Wassern durchströmt wird. Die Schmelzwasser des höchsten nordafrikanischen Gebirges mit zahlreichen Gipfeln über 4000 Metern stürzen im Frühling aus dessen Flanken und bilden bis zu 1000 Kilometer lange Flüsse. Die Fluten sind Lebenselixier für die Oasen, in denen berühmte Bauwerke stehen: Kasbahs, Wehrburgen aus biblischen Zeiten, zinnenbewehrte Kolosse aus Stampferde.

Das Tal wird enger. Bizarre rote Felsformationen künden den Beginn der Mohammed-Schlucht an. Die Schluchten des Dadès sind ein geologisches Weltwunder und werden mit dem Grand Canyon verglichen.

Vor uns öffnet sich ein dunkler Schlund. Das Wasser wird zwischen den 400 Meter hohen Wänden auf ganze sechs Meter zusammengedrängt. Wir tauchen ein in kühlen Schatten. Himmelhoch über uns helles Licht. Es erfordert Überwindung, in diese schwarze Kluft zu fahren. Ein Entkommen wäre selbst für einen durchtrainierten Sportkletterer kaum möglich. Wir lassen uns mit dem erstaunlich leichten Wasser treiben. Die erprobten Trekkingboote nehmen gutmütig die Schwälle und tragen uns hinaus ins Licht, zu Palmen und Oleanderbüschen, zu freundlichen Menschen, zu Pfefferminztee und den tönernen Töpfen der köstlichen Spezialität Tajine.

In der Wüste sind mehr Menschen ertrunken als verdurstet

... sagt man. Dem Weg des Wassers von den schneebedeckten Viertausendern durch die Kieswüste (Reg) bis zu den Sanddünen (Erg) zu folgen, ist das Ziel unserer «Operation Wüstenschiff». Durch atemberaubend steile Canyons, vorbei an hohen Katarakten, die in Europa eine Attraktion ersten Ranges wären, durch Schluchten, Dattelpalmenhaine und Sanddünen, beglotzt

Dem Weg des Wassers von den eisigen Flanken des Atlas durch wilde Canyons in die Sahara zu folgen, ist die Idee des «Wüstenschiff-Trekkings» (oben). Kasbahs, Wehrburgen aus biblischen Zeiten, liegen am Paddelweg (rechts). Cascades d'Ouzoud – Wüste und wilde Wasser sind am Rande der Sahara kein Widerspruch (rechte Seite).

Den Orient pur auf diesem Kanu-Trekking genießen: Marrakesch, Ouarzazate, Zagora …

von wiederkäuenden Dromedaren und bestaunt von großäugigen Berberkindern.

Ist es erst so wenige Tage her? Ein glühender Sonnenball stieg über schneebedeckten Bergen auf. In der Ferne erschien im flirrenden Sonnenlicht in einer Staubwolke ein Auto mit seltsamen Geräten auf dem Dach: Kanadier. Die Einfahrt in ein quirliges Berberdorf wurde dort zum Jahresereignis. Lärmende Kinder, staunende Männer in Djellabas und mit Chèchs. Immer wieder der prüfende Druck auf die Gummiwände der Trekking-Kanadier. Kopfschütteln, heftiges Diskutieren. «Was wollen die Giaurs, die Ungläubigen, hier mit diesen seltsamen Geräten?»

Auf dem Dadès durchpaddeln wir ein wüstenhaftes Hochtal und tauchen in die kargen Berge des Djebel Saghro ein. Der Fluss ist durch starke Regenfälle im Hochgebirge zu einem braunen Wüstling angeschwollen, der uns rasant in Richtung Wüste trägt.

Wir rasten unter einer Wehrburg aus gestampftem Lehm und Strohhäckseln. Diese Kasbahs sind bewundernswerte architektonische Kunstwerke und haben der bei Touristen berühmten «Straße der Kasbahs» ihren Namen gegeben. Die Bauten sind dem Verfall preisgegeben, zergehen im seltenen Regen und im ständigen Wind.

Dann treiben wir vorbei an sattgrünen Dattelpalmen. Eine Million (!) sind im weiten Tal angesiedelt. Der Fluss ändert seinen Namen in Drâa und wird wildwassertechnisch leichter – sozusagen ein Wüstenfluss für jedermann. Das silberne Band durchfließt eine fruchtbare Flussoase.

20 Dadès und Drâa, Marokko

Anreise: Flug nach Marokko/Marrakesch, preiswert. Weiter mit öffentlichen Bussen (sehr billig) oder Mietwagen. Preiswert, empfehlenswert und von großer Freiheit: Gelände-Begleitauto mit (marokkanischem) Fahrer mieten.
Beste Reisezeit: März bis Juni oder nach Regenfällen im Atlas. Der Drâa ist ganzjährig möglich. Im Sommer sehr heiß.
Charakter: Wüste und Wildwasser: Unglaublich exotisches und abwechslungsreiches Kanu-Trekking. Dadès: Msemrir bis Sidi Flah, 120 Kilometer, WW II (III), Autobegleitung selten möglich. Der Stausee bei Ouarzazate und der Abfluss bis Agdz müssen umfahren werden. Ca. 5 Tage. Drâa: Agdz bis Zagora oder Tamegrout, ca. 90 Kilometer, WW I, schnell fließend (eine Stelle II kurz nach Agdz kann umtragen werden). Autobegleitung oft möglich. Ca. 4 Tage.
Anforderungen: Der Dadès erfordert vor allem bei hohem Wasserstand (Frühjahr) wildwassertechnisches Basiskönnen. Der Drâa ist auch für weniger geübte Kanuten geeignet; durch den schnell fließenden Fluss «im Eselsgalopp» muss eigentlich nur die Richtung gehalten werden.
Übernachtung: Camping am Fluss. Ordentliche Hotels in Boumalne Dadès, Ouarzazate und Zagora.
Ausrüstung: Campingausrüstung – die Nächte können kalt werden! Faltkajaks oder aufblasbare Kanadier können per Luftfracht («Sportgeräte») preiswert ins Land gebracht werden.

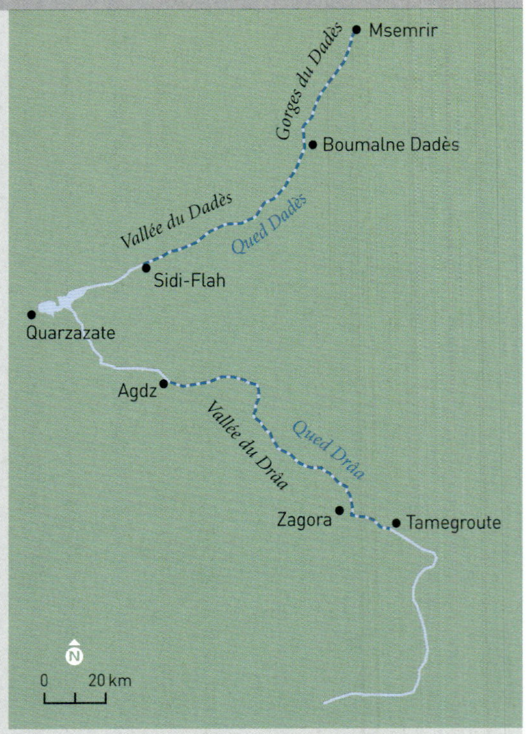

Informationen: www.marrakech-info.com/marokko/fremdenverkehrsamt-marokko.htm.

Karten: Michelin Map #969: Maroc (Michelin Maps), 1:1000000, ISBN 2-06-700959-1.

Wir biwakieren in der Einsamkeit. Die Sonne ist neben den Bergen der Hammada hinter dem Sandmeer des Erg als glutrote Scheibe verschwunden. Der Vollmond steht prall am Himmel und nimmt dem atemberaubenden Sternenhimmel, der wie ein helles Vlies den Himmel bedeckt, etwas von seinem Glanz. Wir rösten einheimisches Fladenbrot am Lagerfeuer aus Palmwedeln und rühren Kraft spendende dehydrierte Trekking-Nahrung aus der Tüte mit heißem Wasser an. Die Zelte stehen, die Schlafsäcke sind aufgeschüttelt.

Fröstelnd kriechen wir kurz nach Sonnenaufgang aus dem Schlafsack. Wie gesagt: Die Wüste ist ein kaltes Land, in dem es auch heiß werden kann. Katzenwäsche im frischen Fluss. Die Sonne gewinnt Kraft.

Noch einmal erfasst uns bewegtes Wasser und transportiert die Kanadier «im Eselsgalopp» weiter auf dem quirligen Lebensspender. Dann ist plötzlich Ruhe. Wir paddeln in eine überbelichtete Welt – die Wüste ist erreicht. Das Gebirge verebbt in der Kieswüste. Ein Dorf am Ufer, mit Dattelpalmen und temperamentvollen Beduinen. Die Frauen zeigen ihr Gesicht hinter den Schleiern nicht, doch die Augen sind neugierig.

Unsere Lippen sind rau, Brandblasen auf den Händen haben wir durch Handschuhe beim Paddeln vermieden. Wir haben Durst und wollen heraus aus dem Staub, den der Schirokko aufwirbelt. Das Wasser im Fluss wird weniger. Es verläuft sich nach weiteren 50 Kilometern in der Wüste bei Hmamid. Nur alle Jubeljahre gibt es so viel vom lebenswichtigen Nass, dass der Fluss den Atlantik erreicht. Die «Dunes de Sable», die großen Sanddünen, tauchen auf. Wir zerren unsere «Wüstenschiffe» ans Ufer und sind müde, aber sehr zufrieden.

Der Muezzin in Zagora ruft vom spitzen Minarett zum Gebet. Auf dem bunten Wegweiser daneben ist ein Beduine mit Dromedar gemalt, und daneben steht auf Französisch «50 Tage bis Timbuktu».

Kameltage!

Kanadier sind für die Berber Attraktionen am Rande der Wüste. Sie sind hier so fremd und selten wie die Landung eines UFOs.

Wilde Gipfel im Herzen der Wüste

Wandern und Klettern am «Sattelknopf»

21

Eine der faszinierendsten Landschaftsformen steilt sich im Zentrum der Sahara, der größten Wüste der Erde, auf – ein Paradies, in dem man eine besondere Form des Trekkings erleben kann. Wüste ist nicht nur Sand, Wüste ist vor allem Fels. In Algeriens Süden, nahe der Grenze zu Niger, mehr als tausend Kilometer vom Mittelmeer entfernt. Hier ist er, der Kletterhimmel namens Ahaggar, Hoggar, Atakor – mehrere Namen für eine geologische Einmaligkeit. «Sattelknopf» nennen ihn die Tuareg. Der Name ist treffend angesichts der pittoresken Vulkanhöcker im Parc National de l'Ahaggar.

Zauberwort Wüste

Atemberaubend steile Eruptivkegel dolomitischen Ausmaßes; Steigen durch Risse, Verschneidungen, über scharfkantige Gasblasenlöcher. Lange Märsche bis zum Einstieg, glühend am Tag, eiskalt in der Nacht unter einem Sternenhimmel, der wie ein zartes, leuchtend weißes Vlies den Himmel bedeckt. Wilde Gipfel in einer wilden Gegend, die Antoine de Saint-Exupéry die «schönste und traurigste Landschaft der Erde» nannte. Trekking im Ahaggar, ein Wüstentraum!

Nicht der Sand dominiert, obwohl es ihn überall gibt: Rippen verlaufen kreuz und quer, auf Kämmen brechen sich Wogen, runde Kuppen in harmonischen Formen sind ein ästhetischer Genuss. Kies und Fels überwiegen, und alle Wesenszüge der Verwitterung sind enthalten. Die Wüste wächst – jedes Jahr um ein paar Hundert Meter nach Süden, ein Moloch! Sie ist die schönste, größte und vollkommenste Wüste der Erde: Felsgruppen, Gebirge mit kapriziösen, bizarren Formen, unsagbar schön im weichen Abendlicht.

Die Sahara ist seit prähistorischer Zeit bewohnt. Früher war sie ein Urwaldparadies, heute eine Wüste, die lebt: Gazellen, Füchse, Mufflons, Kamele. Vor Millionen von Jahren war sie Lebensraum der Saurier. Sonnenaufgänge wie auf einer Kitschpostkarte, Sternenhimmel mit funkelnden Diamanten übersät. Gluthitze, selbstverständlich, aber noch mehr Eiseskälte in der Nacht. «Die Wüste ist ein kaltes Land, in dem es auch heiß werden kann.»

Visualisierte Erdgeschichte

Unzählige Felsnadeln mit tiefen Rissen, seit Jahrmillionen dem Sandstrahlgebläse des Wüstenwindes ausgesetzt. Kohlrabenschwarze Kegel, gelbe Höcker, erloschene Vulkanschlote, deren Umhüllung wegerodierte, schießen in geradezu dämonischen Formationen zum Himmel. Fels in metallischen Farben: rot, gelb, ocker; Impressionisten wären begeistert.

Tuareg, freie und stolze Nomaden. Sind die legendären Wüstensöhne am Ende ihrer Geschichte (linke Seite)? Obwohl einige der Touren mit fixen Haken gesichert sind, empfiehlt sich für die Klettereien ein komplettes Sortiment an Klemmkeilen, Schlingen und Haken (oben).

Lotrecht der Felsturm des Ilamane; wie von Künstlerhand gemeißelt die Basaltorgelpfeifen der vor zwei Millionen Jahren aus dem Erdinneren gepressten Magma. Filigran der Lavafinger des kecken Saouinan. Massig der berühmte Iharen. Tahat, der höchste Berg des Ahaggars, ist alt. Zerfallen bieten sich seine Flanken dem Wanderer dar. Mal dösen die Gipfel unter einem Hitzeschild, mal werden sie plötzlich von Wind und Sand angefallen, bersten im Nachtfrost des Winters. Ein ewiges Vergehen.

Säulen, quaderförmige Platten, gasblasengewölbte Wandpartien, Sanduhren, senkrechte Risse und Verschneidungen. Dann wieder ein wüstes Chaos von Felsblöcken aller Größen. Die Verwitterung hat das Gestein zerlegt, extreme Temperaturschwankungen erzeugen scharfkantigen

Am Einstieg des Westpfeilers des Adrian (oben). Im Direkten Südriss der Saouinan-Südwand (rechte Seite).

Blockschutt und feinen Kristallgrus. Bald – wie bald? – wird es zum Endzustand aller Materie, zu dem, was keine Landschaft mehr ist – Staub...

Die Blauen Männer

Tam ist die Hochburg der stolzen Ritter von Ahaggar – Tamanrasset sagt niemand –, die «Hauptstadt» der Sahara, die nach zwei Flugstunden plötzlich aus der endlosen Wüstenei auftaucht: Palmen, ein Café am anderen, dudelnde Musik. Dazwischen verschleierte Männer, die letzten Nomaden der Sahara, ein Volk vermummter Reiter, einst gefürchtete Krieger: Tuareg, die «von Gott Verstoßenen». Sie nennen sich Imuhag, die Freien, die Unabhängigen. Da stehen sie, die sagenumwobenen Kämpfer, in indigoblauer Gandurah, den weißen Litham hochgezogen bis unter die Augen, das Gesicht verhüllt, das lange Schwert an der Seite. Doch sie sind Relikte am Ende ihrer Geschichte. Das Geländefahrzeug mit Allradantrieb ersetzt mehr und mehr das Dromedar, das Schwert ist mehr Zierde als Waffe.

Osterfest weit weg, mitten in den Dünen. Schon von ferne sieht man den Lichtschein am

Gipfel-Glanzlichter für Wanderer und Kletterer

Alle Berge stehen in der Nähe von Tam, Assekrem oder der Piste zwischen Tam und Assekrem.

Assekrem (2728 m): Berühmter Aussichtsberg. Vom gleichnamigen Pass mit CAF-Schutzhütte in einer guten halben Stunde leicht zu besteigen. Eremitage am Gipfel, in der der berühmte Tuareg-Freund Pater Charles de Foucauld «seinem Gott näher war». Gegenüber der Enr-Akli, der bei gleicher Aussicht einsamer ist.

Tahat (3003 m): Höchster Berg Algeriens. «Kamelweide». Von der Piste Assekrem–Tam leicht, weglos, lang (ca. 7 Stunden) und von Süden mühsam zu ersteigen. Umfassende Aussicht. Orientierungsfähigkeit ist in den wellenförmigen Vorbergen gefragt.

Adrian (Adriane, Hadrian, 1709 m): 4 Wanderstunden von Tam. Der W-Pfeiler, IV, 7 Seillängen in eisenfestem Fels. Erstklassiger Aussichtsberg. Normalweg über eine Rinne, I.

Iharen (Pic Laperrine, 1732 m): Kühne Felsgestalt wenige Kilometer von Tam an der Piste zum Assekrem. Unzählige Anstiege aller Schwierigkeiten.

Tezouiag Süd (2709 m): Die S-Wand mit 350 m bietet eine der schönsten Klettereien im Ahaggar.

Tezouiag Nord (2760 m): Schlanker Felsturm. SO-Wand mit gutem Fels. Schöne Anstiege bis 300 m. Beide Tezouiag-Gipfel stehen nahe der Piste zur Assekrem-Passhöhe.

Saouinan (Pointe de Foucauld, 2650 m): An der Piste Tam–Assekrem. Unglaublich kühne Nadel. Der kleinste, aber vielleicht schönste Felsturm. Normalweg III+, mit Variante IV+, in der S-Wand über Rampe und Rissreihe. Abseilen über den Normalweg.

Ilaman (Ilamane, 2760 m): Imposante Nadel mit Wandhöhen bis 400 m. «Schönster Berg der Welt». Gestein nicht immer zuverlässig. Leichtester Anstieg ist der «Normalweg» in der NNW-Wand (Hauser-Route), IV. Abstieg per Abseilen.

Wüste ist vor allem Fels. Die weiche Materie um die im Vulkanschlot erkaltete Lava wurde wegerodiert und legte Traumziele für Kletterer frei (oben und rechte Seite).

Nachthimmel, an dem ein beherrschender Vollmond steht. Plötzlich öffnet sich eine Senke, Hunderte von Zelten, ebenso viele Feuer. Dumpf das Trommeln der Tamtams, schrill die anfeuernden kehligen Trillertöne der Frauen für die stampfend tanzenden Männer. Couscous mit Kamelfleisch dampft aus einem verrußten Kessel. Ein frisch geschlachtetes Dromedar wird auf seiner eigenen Decke zerlegt. Ein halbes Hundert Steinschlossflinten, gleichzeitig abgefeuert, sind das Signal für ein Kamelrennen mit Hollywood-Atmosphäre.

Die Tuareg – sie sind die wahren Könige der Wüste. Angepasst, schlau, tapfer, herzlich, gastfreundlich. Wie lange noch?

Impressionen am Ilaman

Nur noch zwei Seillängen, dann haben wir unser letztes Wunschziel im Ahaggar erreicht, den Gipfel des heiligen Berges der Tuareg. Der Blick auf das Ringband hinunter ist schwindelerregend; nochmals hundert Meter tiefer verebbt die Kieswüste des Reg wellenförmig am steilen Sockel des Berges.

Warum bin ich eigentlich hier oben? Die schweigende Rast mit den Freunden auf den Gipfelplatten ist Antwort genug. Und die Befriedigung, auf einem vollkommenen Berg zu stehen. Eine Guglia di Brenta, in den Alpen als «Welträtsel aus Stein» hoch gelobt, würde hier zur Normalität verblassen. Ringsum der Blick auf eine öde Landschaft von irrsinniger Schönheit.

Ilaman.

21 Hoggar, Algerien

Anreise: Per Auto mit Autofähre von Genua nach Tunis (rund 24 Stunden). Nach Süden über die durchgehend asphaltierte Straße über Ghardaia, El Golea, In Salah nach Tamanrasset (ca. 3 Tage). Schneller ist der Flug nach Algier und weiter nach Tam. Visumpflicht.
Beste Reisezeit: Ganzjährig, Herbst bis Frühjahr sind zu bevorzugen.
Charakter: Exotisches Abenteuer mit Wüstenwandern und -klettern. Das Wetter ist extrem trocken, selten ergiebige Niederschläge, je nach Höhenlage und Jahreszeit auch als Schnee. Tagsüber bis 35 Grad, nachts bis unter den Gefrierpunkt, abhängig von Höhenlage und Jahreszeit.
Anforderungen: Die vorgeschlagenen Klettereien sind nach modernen Maßstäben mittelschwer – bis maximal IV. Schwierigkeitsgrad. Geeignet für kletternde «Normalverbraucher» und auch für Anfänger unter kundiger Führung. Einige der Routen sind mit soliden Klebehaken gesichert. Wasser muss mitgeschleppt werden, unter fünf Litern pro Tag geht nichts. Die externen Rettungsmöglichkeiten bei Unfällen sind fast null!
Übernachtungen: In Tam Campingplatz (Informationsbörse) und Hotels. Auf dem Assekrem-Pass bewartete Unterkunftshütte mit bescheidenem Bewirtungsangebot. Zelten überall möglich.
Ausrüstung: Campingausrüstung mit warmem Schlafsack, Kletterausrüstung (auch Haken und Klemmgeräte). Satellitentelefon.
Informationen: In Tam können geländegängige

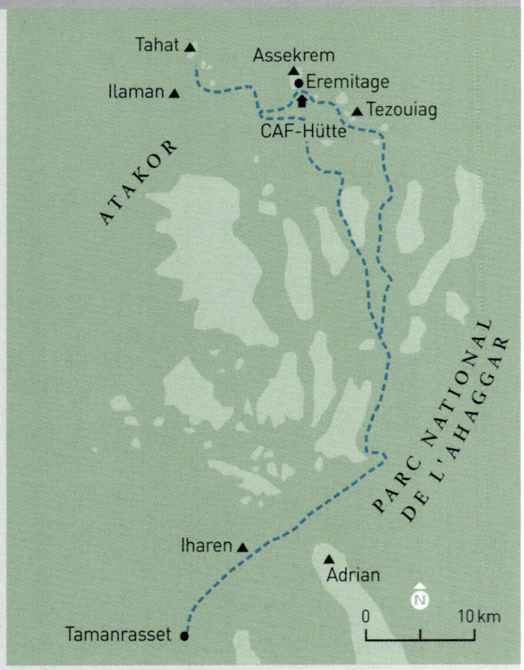

Autos gemietet werden. Ebenso Kamele mit Guide.
Kletterführer: Thomas Dulac, «Escalade au Sahara – Kletterführer Sahara», Geoquest Verlag, französisch mit Topos.
Guter Reiseführer: Polyglott «Sahara». www.you.travel/Tamanrasset
Karten: Zur Übersicht Michelin Nr. 953, 1:4 Mio.

Djeballah | 22

Mit einer Alabaster-Karawane in die Bergwildnis der Libyschen Wüste

Ägypten, Luxor: Seit viertausend Jahren pulsiert diese Stadt, deren Tempel, Paläste und Gräber sich im ewigen Nil spiegeln. Im benachbarten historischen Theben wird noch immer Alabaster in zahlreichen Handwerksbetrieben zu Kitsch und Kunst verarbeitet. Seit Jahrtausenden ziehen die Djeballah, die «Männer der Berge», mit Eseln unter den sengenden Strahlen der Wüstensonne über das zerrissene Limestone Plateau und brechen das begehrte Gestein aus dem Fels. Sich einer solchen Karawane anzuschließen, ist ein herausforderndes Trekking der ganz besonderen, fast einmaligen Art.

Aufbruch im Tal der Könige

Wir drei Europäer sind uns einig: Wir wollen bei diesem Trek keine Voyeure sein, sondern als Mitglieder der Karawane ihre Arbeit mitverrichten und ihren harten Alltag teilen – eine verrückte Trekking-Herausforderung. Viele Schriftsteller hat das Thema «Karawane» fasziniert. Schon durch Karl May wurde meine kindliche Fantasie angeregt. Sven Hedin dokumentierte es in seinen Büchern, und Heinrich Harrer hat an solchen Unternehmungen teilgenommen und über seine Abenteuer berichtet.

Tagsüber ist das «Tal der Könige» voller Touristenbusse und quirliger Menschen. In der Nacht ist es verwaist und nur noch Wüste. Die Karawane bricht in der Nähe des unscheinbaren Grabs von Tutenchamon auf. «Wir werden in drei Tagen etwa 150 Kilometer reiten und marschieren!», behauptet Hamdy, ihr Führer.

Prall steht ein verwunschener Vollmond am Himmel und beleuchtet grell die Packesel, die durchtrainierten, hageren Männer in ihren weiten Gewändern und die zerrissenen Felsen. Erst treiben wir die Esel 400 Höhenmeter über einen steilen Pfad hinauf zur Hochebene des Limestone Plateau, später können wir reiten, und die Tiere spielen ihre traumwandlerische Trittsicherheit im unwegsamen Gelände aus. Wie geht es weiter, wie werden sich die Djeballah in dieser Felswüste orientieren? Sie kennen sich einfach aus – ohne «Navi», ohne Karte … Nur mit der «Nase» und ihrer Erfahrung. Pfadspuren gibt es kaum.

Oft traben wir im Dauerlauf durch Felsblöcke, eingehüllt in eine Staubwolke, neben der Karawane her. Lieber in Bewegung sein, als sich wie in zwei Teile gespalten zu fühlen, weil die Beine immer länger werden. Nur schwer werde ich mich an das steigbügellose Reiten auf dem harten Strohballen, der ein Sattel sein soll, gewöhnen. Höher geht es, immer höher.

Vom «ewigen Nil» und von den Tempeln der ägyptischen Kultur, der «Wiege der Menschheit», startet die Alabaster-Karawane beim ehemaligen Theben.

Abdullah stoppt mit einem lang gezogenen «Hoooo!» den Trek und springt von seinem Esel. Wir werden bis zum Sonnenaufgang rasten. Zwei Stunden köstlicher Schlaf erwarten uns – Balsam für Muskeln und Sehnen. Die Alabaster-Männer hüllen sich nur in ihre zerlumpten Decken. Wir schütteln unsere Schlafsäcke auf und legen uns ins Geröll. Die Esel bleiben einfach stehen und dösen.

Die Libysche Wüste gehört zu den weltweit trockensten Gebieten. Jährlich fallen nur einige Millimeter Regen, oft bleibt Niederschlag für viele Jahre ganz aus. «Come on! Quick! The sun is coming!» Hamdy treibt uns aus den Säcken. Glutrot steigt der Sonnenball über schroffen Bergen höher und höher, gewinnt mehr und mehr Kraft und heizt unser kaltes Lager auf. Bevor wir in unsere Schuhe schlüpfen, klopfen wir sie an einem Felsbrocken aus – Skorpione verkriechen sich gerne in Schuhen und in den schweißdurchtränkten Socken. Ich blicke zu den Freunden. Eine glühen-

Stein symbolisiert für die Ägypter die Ewigkeit. Alabaster war wegen seiner Seltenheit das «weiße Gold der Pharaonen» (oben). Vom Tal der Könige in der Nähe des berühmten Hatschepsut-Tempels startet die Karawane zu den Alabasterbrüchen (rechte Seite).

de Sonne steigt auf und brennt auf Serges weißen Turban, den er aus einem Bettuch gewunden hat. Sein hageres Gesicht ist vom Staub wie gepudert. An Martins Wange zieht ein Schweißtropfen eine schmutzige Spur. Die Sonne steigt zum Zenit auf und erhitzt das Kalkgestein. Die Djeballah sind in ihrem Element. Ungeachtet der Hitze reiten sie auf ihren Eseln, springen gewandt auf und ab, helfen den Lasteseln über schroffe Blöcke, schwingen ihre Bambusstöcke und treiben die Tiere an. Sie arbeiten, wir trekken. Wir drei sind deutlich müder. Verrückter und exotischer geht es kaum.

Expeditions-Trekking

Für uns ist der Alltag der Karawane – eine Handvoll Männer und zwanzig Esel, die durch die bizarre Felswildnis der flirrenden Wüste ziehen – ein herausfordernder Trek.

Dann erreichen wir die Abbruchkante des Plateaus in der Libyschen Wüste. Die Djeballah satteln die Esel ab. Schwielige Hände packen primitive Werkzeuge: Brechstangen, handgeschmiedete Hämmer und Spitzhacken. Leichtfüßig klettern die hageren Gestalten die steile Flanke des Berges hinab. Stundenlang dröhnt es, poltern Steine, hört man das Ächzen und Stöhnen der schwer arbeitenden Männer. Sie brechen in der Hitze des Tages bis zu fünfzig Kilogramm schwere Alabasterblöcke aus den Kalkschichten. Barfuss klettern sie über raues Geröll, treiben Eisenstangen in den Fels und lösen aus dem Trägermaterial die unscheinbaren, wertvollen Gesteinsbrocken: Alabaster, das «weiße Gold der Pharaonen».

Wir arbeiten mit – das war unsere Idee. Als ich, beladen mit einem zwanzig Kilogramm schweren Stein, den Plateau-Rand erreiche, bin ich schweißgebadet. Der dünne, sehnige Abdullah steigt mit der gleichen Last hinter mir auf und lächelt mich mit blitzenden Zähnen an. Wieselflink und konditionsstark klettert er mehrmals die steile Felsflanke hinauf. Barfuss! Für ihn, der die Mühsal im Gebirge gewohnt ist, ist es unverständlich, dass ein «reicher Weißer» diese Strapazen freiwillig auf sich nimmt.

Alabaster

Das transparente, blasse, gipsartige Material lässt sich bearbeiten wie Holz. Alabaster wird nicht wie Marmor in Steinbrüchen geschnitten, man findet ihn beim Schürfen in der Erde in Form von Eiern oder Nieren. Die Blöcke sind manchmal zentnerschwer. Keiner gleicht dem anderen. Alabaster diente schon in der Antike als Bildhauermaterial. Wegen seiner sanften Erscheinung wird er als «Stein der Sinnlichkeit und der Schönheit» bezeichnet, auch als «Licht der Erde». Der Ursprung liegt in Ägypten, wo die frühesten Vasen aus Alabaster hergestellt wurden. Vermutlich gab es dort einmal eine Stadt namens Alabastron.

Biwak unter dem Vollmond

Es dämmert, als die Karawane eine kleine, vom Wind geformte Felshöhle erreicht. Bald prasselt ein Feuer aus dürrem Dornengestrüpp und erwärmt die kalte Luft. Wir sind kaum tausend Meter hoch, aber hier wird es im Februar nachts eisig. Die Treiber hüllen sich in ihre weiten Gewänder, wir schlüpfen in dicke Jacken. Beim flackernden Flammenschein kommen sich zwei Kulturkreise näher und versichern sich gegenseitig ihrer Hochachtung. Während wir diese harten Männer bewundern, die in einer feindlichen Umwelt und mit Mühsal ihren Lebensunterhalt verdienen, haben auch wir ihre Achtung errungen. «Ihr seid nicht so wie die Touristen, denen wir in Luxor tagtäglich begegnen», behaupten sie. «Wir sind Trekker», versuchen wir erfolglos zu erklären.

Für die Djeballah ist die Bergwüste ein Arbeitsplatz, ihre Schönheit bleibt ihnen verschlossen. Freiwillig würden sie nie die Felsen und Hochebenen aufsuchen. Wofür? Wir teilen ein einfaches Abendessen aus Fladenbrot und Früchten, lassen die Wasserflasche kreisen, blicken in das Spiel der Flammen, das sich in den hellen Kalktafeln widerspiegelt, und schnüffeln den Duft der Wasserpfeife.

Beim ersten Licht des Tages beladen wir im Schatten eines Felsturmes die Esel. Dann reiten und laufen wir direkt in die aufsteigende Sonne, die den Himmel glutrot färbt. Die Hitze steht, Staub verkrustet Mund und Rachen.

Serge schreit: «Luxor!» Er hat das grüne Band der Oasen und die bleichen Flecken der Häuser im Dunst entdeckt. Die berühmten Tempel sind zu ahnen. An der Abbruchkante des Hochplateaus öffnet sich der Blick auf das schmale Band des Niltals inmitten der Wüste. Dort gibt es Wasser!

Seit Jahrtausenden unverändert: Wie zu Zeiten der Pharaonen zieht die Karawane über das Fels- und Sandmeer des Limestone Plateaus (oben). Bis zu 100 kg Alabasterrohlinge werden den Eseln aufgeladen, die auf der Tour mit nur wenig Wasser und einer Handvoll Getreide auskommen (rechts und unten).

In El Korna wird die jahrtausendealte Kunst der Alabasterbearbeitung gepflegt. Das gipsartige Gestein wird mit primitiven Werkzeugen zu Kunst und Kitsch verarbeitet (rechte Seite).

Trommeln, Hammel und Couscous

Kurna, das Dorf am Rande eines glühenden Gebirges, scheint zum Greifen nahe. Die weißen Schmetterlingssegel der Feluken leuchten auf dem Fluss.

Steil geht es hinab. Immer wieder helfen wir den überladenen Eseln über glatte Felsplatten und zerrissene Erosionsfurchen. Am späten Nachmittag erreichen wir das Dorf. Der Muezzin ruft vom brüchigen Minarett sein «Allahu akbar», Gott ist groß. Die Felswände echoen den Singsang. Müde traben die Esel durch Kurna mit seinen staubigen Gassen und den einfachen Lehmhütten.

«Salam!»

Wir Europäer sind ziemlich kaputt – und stolz. Die Djeballah scheinen nicht besonders gefordert zu sein. Sie scherzen lebhaft mit den kichernden Frauen und begrüßen ihre fröhlich lärmenden Kinder.

Samtschwarz und mild steigt die Nacht auf, Tamtam dröhnen. Die Flammen des Feuers werden von den Felswänden reflektiert. Sehnige Gestalten sitzen im Kreis um einen Hammel am Spieß, und Kinder tanzen um uns «Giaurs».

Wie lange wird dieses Bergvolk noch existieren? Wir Trekker haben von ihnen gelernt. Die Männer sind eins mit ihrer wilden Wüsten-Natur und haben eine Kondition, die wir uns erst wieder antrainieren müssen. Sie sind Trekking-Profis in Perfektion.

22 Limestone Plateau, Ägypten

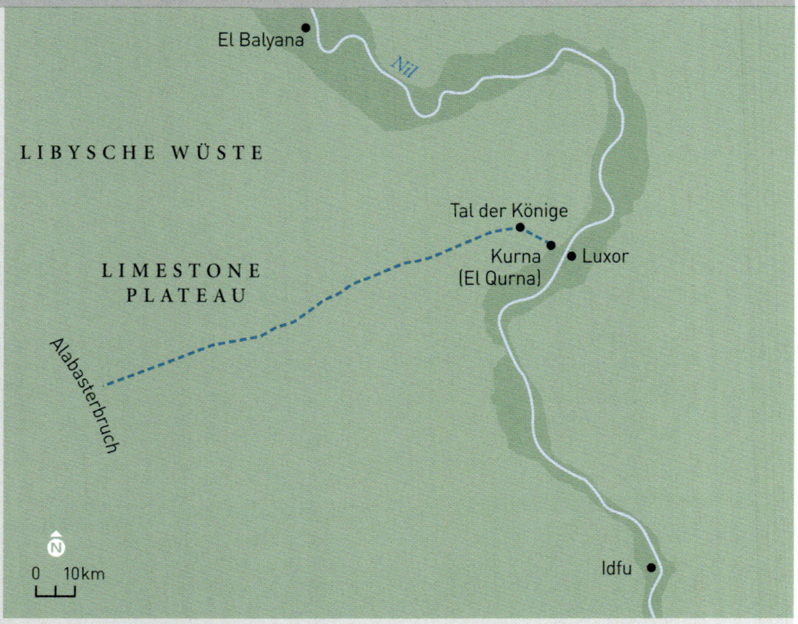

Anreise: Am einfachsten: Flug nach Luxor, Ägypten. Für EU-Bürger und Schweizer mit einem noch sechs Monate gültigen Reisepass und einem Visum, das zu einem Aufenthalt von einem Monat berechtigt, unproblematisch. Am besten kauft man das Visum bei der Einreise am Flughafen.
Beste Reisezeit: Bei angenehm warmen Temperaturen reist man am besten von Mitte Oktober bis Mitte April. Besonders in Unterägypten ist es zwischen November und März nachts ziemlich kühl. In den Sommermonaten steigen die Temperaturen bis auf 40 °C. Allerdings ist die Luftfeuchtigkeit sehr gering; das lässt auch Mitteleuropäer die Hitze gut ertragen.
Charakter: Abenteuerliches und forderndes Wander- und Reit-Trekking. Von Kurna brechen Djeballah mit Eseln mehrmals wöchentlich auf, um Alabaster-Rohlinge vom westlichen Rand des Limestone Plateaus in die Werkstätten zu bringen. Die Teilnahme an einer solchen Karawane ist eine der originellsten und anspruchsvollsten Touren in diesem Buch. Das Erlebnis bleibt mit Sicherheit eines fürs Leben.
Anforderungen: Die Organisation kann nur vor Ort geregelt werden. Ein Fremdenverkehrsamt zu bemühen, ist zwecklos. Eine detaillierte Tourenbeschreibung erübrigt sich, man ist von der Route der Karawanen – die sich ändern können – abhängig. Die Fundstätten sind ca. 90 bis 120 km entfernt. Das sind zwei bis drei sehr anstrengende Trekkingtage. Die einmalige Exotik macht die Mühsal wett.
Übernachtungen: In Luxor Hotels jeder Klasse. Auf der Tour einfachste Biwaks. Wenn es eines in einer Höhle ist, ist das schon sehr komfortabel.
Ausrüstung: Vor Sonne schützende Kleidung. Campingausrüstung mit warmem Schlafsack, Liegematte. Bergschuhe. Ohne Wind ist ein Zelt nicht erforderlich. Regenschutz ist nicht notwendig.
Informationen: Das Zentrum der Alabaster-Werkstätten ist das Dorf Kurna (auch El Qurna, Qurna genannt) beim Tal der Könige und nahe dem Hatschepsut-Tempel («Alabaster-Dorf»). Es ist das ehemalige Theben. Dort fragt man in den Werkstätten (bei einem Englisch sprechenden «Chef») nach der Alabaster-Karawane und arrangiert – selbstverständlich gegen einen für ägyptische Verhältnisse großzügigen, für europäische Verhältnisse leicht bezahlbaren Obolus – Eselmiete und Teilnahme. Wichtig: Man kauft keine touristisch organisierte und versicherte Reise, alles geht auf eigenes Risiko. www.tourias.de/reisefuehrer/touristeninformation/luxor_1/aegyptisches_fremdenverkehrsamt/index.html und www.en.wikipedia.org/wiki/Kurna
Karten: Freytag & Berndt, «Ägypten», Autokarte mit Kulturführer, 1:1 000 000.

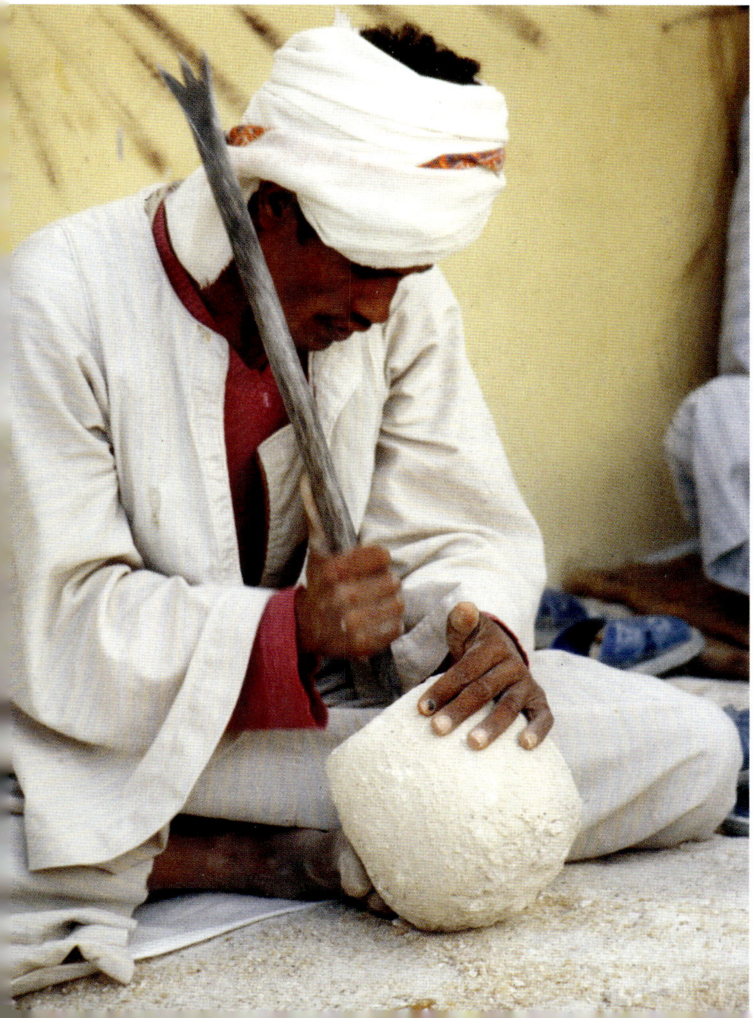

Stairway to Heaven | 23

Nordarabiens kühne Wände, wilde Berge und tiefe Schluchten

Von der hypermodernen Metropole Dubai ist es nur ein Katzensprung in die sprichwörtliche «Steinzeit». Die «Treppe zum Himmel» führt von Meereshöhe bis auf fast zweitausend Meter. Dieser fantastische Klettersteig – eine Via Ferrata minus Ferrata – über einen langen Tag ist eine Herausforderung und auf der Welt wohl einmalig. Der schwindelerregende Pfad durch himmelhohe Klippen wurde vom Stamm der Shihu gebaut. Um ihn zu genießen, braucht man Ausdauer, Durchhaltevermögen, absolute Trittsicherheit – und Glück. Belohnt wird man mit einem unglaublich pittoresken Anstieg, einzigartigen Ausblicken – und dem Stolz auf die eigene Leistung. Ein ganzes Kapitel in diesem Buch für einen einzigen Tag? Ja!

Der Shihu-Trail

Wandern und Bergsteigen im Norden der Vereinigten Arabischen Emirate VAE und dem nördlichen Oman ist anders, als der weltweit gereiste Trekker es kennt. Es fehlen markierte Routen, und man ist konfrontiert mit Menschenleere, hohen Temperaturunterschieden und extremer Trockenheit. Hat man Glück, trifft man auf Steigspuren oder auf Ziegenpfade oder auf ausgetretene Verbindungen zwischen den seltenen Dörfern. Schatten oder Schutz vor der unerbittlich brennenden Sonne gibt es kaum. Fels und Geröll sind scharfkantig und instabil, das steinige Terrain oft messerscharf erodiert und durch das extreme Klima zerklüftet. Es gibt keine Hinweisschilder und oft auch keine einprägsame Landmarken, sodass die Orientierung schwerfallen kann.

Die nördlichen Bergregionen in den VAE und dem Oman gehören immer noch verschiedenen Stämmen mit freundlichen, gefahrlosen Menschen – wie fast überall in den VAE und im Oman. Es ist auch heute noch Brauch, zum Durchqueren des Gebietes eines anderen Stammes dessen Erlaubnis zu erbitten. Solche alten Stämme sind die Hamous, Bani Shimaili und die Shihu. Die Letzteren waren es, die den komplizierten Steig ohne künstliche Hilfsmittel vertikal in den Fels bauten. Der «Stairway to Heaven» ist ein primitives, aber wahrhaft meisterliches Werk des Shihu-Stammes aus natürlichen Materialien. Aus Stein, der eben in der Gegend herumliegt.

Die Ausgesetztheit kann Furcht einflößend sein. Es ist kaum zu glauben, dass es sich hierbei um den normalen Weg vom Tal zu dem hoch auf dem Felsplateau gelegenen winzigen Dorf handelt.

Sollte man sich entscheiden, den Steig in voller Länge (8 bis 12 Stunden) zu gehen, ist ein GPS eine gute Idee. Als Mindestanforderung sollte der Trekker fit und schwindelfrei sein und ein hohes Durchhaltevermögen besitzen. Man braucht reichlich Wasser, Proviant und je nach Jahreszeit

Einstieg in den oberen Teil des «Stairway»: Die Treppensteine sind ohne jegliche Bindemittel in Felsspalten geklemmt (linke Seite). Archaische Holzschiffe und hypermoderne Architektur in Dubai (oben).

Ernst zu nehmen

Immer wieder ist man überrascht von der Ausgesetztheit, der Schwierigkeit und dem Wechsel der Wetterbedingungen zwischen dem Start auf etwa Meereshöhe und dem fast 2000 m hohen Gipfel sowie von der außergewöhnlichen Länge des Trekkings. Manche mussten biwakieren. Und es gab auch schon Hubschrauber-Rettungen – die werden teuer und sind nur kompliziert zu organisieren. Diese Tour ist nichts für Anfänger! Am besten macht man den Trail mit einem Kenner als Führer. Unerlässlich ist, dass wenigstens einer der Gruppe über ein GPS verfügt (und damit umgehen kann). Es sollte klar sein, dass man im Winter – der wegen der Hitze empfohlenen Tourenzeit – nicht mehr als 12 Stunden Tageslicht hat. Man kann sich manchmal einer geführten Gruppe des Verlags Explorer Publishing, Dubai, kostenlos anschließen (siehe Informationen).

Selbst in kleinsten Dörfern des Omans kontrastieren schmucke Moscheen mit der Öde der Gebirgswildnis (oben). Spektakulärer Anstieg durch die Felswildnis des Jebel Bil Aysh (rechte Seite).

auch wasserdichte und warme Kleidung, denn auf dem Gipfel auf knapp 2000 Metern kann es sehr kalt sein. Es wird empfohlen, den Steig in einer Gruppe und mit jemandem zu machen, der die Strecke kennt.

Der Trek folgt vom Ausgangspunkt im Wadi Litibah in den VAE – 134 Kilometer von Dubai entfernt – dem alten Shihu-Trail hinauf zu einem kleinen Dorf in 1000 Meter Höhe. Dann weiter bis auf den Jebel Bil Aysh (1930 m) im grenznahen Oman und in einem Rundkurs zurück zum Wadi Litibah. Ein Teil des Steigs, der auch heute noch von den Dorfbewohnern benutzt wird, führt durch eine Felsarena, die an die Watzmann-Ostwand, die höchste Wand der Ostalpen, erinnert. Zum Schluss steigt man über einen fast senkrechten, 200 Meter hohen Steilabsturz, der leichte Felskletterei in größter Ausgesetztheit fordert.

Über «Treppen» um ein grandioses Amphitheater

Für autonome Abenteuertrekker hier eine Tourenbeschreibung: Von Dubai nach Norden, über Ras al Khaimah und Saqr Port fährt man über das Wadi Galilah zum Ausgangs- und Endpunkt der extremen Wanderung im Wadi Litibah. Ein geländegängiges Auto (Vierradantrieb) ist für die letzten Kilometer nötig.

Hier startet der Trek. Anfangs folgt man dem Pfad auf der rechten Seite des Wadi nahe den Felswänden. Man hält Ausschau nach dem alten Shihu-Trail, den man an speckig abgegriffenen, dunkel polierten Spuren im Kalkfels erkennt. Wenn man rechts einen Felsabhang erreicht (gegenüber einer gut sichtbaren Spalte an der linken Felswand), steigt man auf diesem bis zu zwei Bäumen ungefähr hundert Meter über dem Pfad. Danach gelangt man auf eine Art Plateau. Wahrscheinlich verliert man die Spuren, aber man sollte nicht aufgeben. Man hält sich links diagonal in Richtung auf einen kärglichen Baum. Um den dort ansetzenden Grat steigt man links herum zu einem weiteren buschigen Baum, hinter dem man Stufen im Fels entdeckt. Man klettert dort links um eine Ecke herum und folgt dem schwer auszumachenden Trail hoch über dem Tal rechts der Felswand bis zu einem Kieshügel. Dort treffen sich mehrere Wasserrinnen, die nach unten zum Ende des Wadi Litibah führen (1,5 Stunden).

Jetzt ist man wie in einem Amphitheater von Felstürmen und scheinbar unersteigbaren Wänden umgeben. Der Aufstieg folgt vom Geröllhang zur Linken bis zum Fuß der gigantischen Felswand. Geradeaus hoch bis zu einem Baum links, der genau über dem Wadi-Bachbett in den Felsen klebt. Der deutlichere Pfad beginnt unter dem Baum und verläuft rechts haltend. Mit Geduld und akribischer

Was man im Norden Arabiens nicht versäumen sollte

Mussandam
Gewaltige Bergregion im Oman, fast unberührt und mit atemberaubender Naturszenerie. Von den Fjorden bei Khasab, in denen man Delphine in spektakulärer Insellandschaft beobachten kann, führt eine Piste vom Meeresspiegel bis auf fast 2000 m. Mehrere weglose Wanderungen mit spannenden Ausblicken über das Oman-Gebirge und auf die See, bei klarem Wetter bis hinüber zum Iran über die Straße von Hormus (Strait of Hormuz). Von Dubai ca. 180 km.

Wadi Bih
Auf 1000 m Höhe wird das Wadi zum «Grand Canyon» der VAE – eine der dramatischsten Gegenden im Land. Von Dubai ca. 150 bis 180 km. Mehrere Trekking-Möglichkeiten in erregender Landschaft. Ainee Village Hike: Großartiger Rundkurs über ein kleines, kühn gelegenes Gebirgsdorf auf gut erkennbaren Pfaden. Man kommt in Kontakt mit der Bevölkerung. 6 Stunden. Jungle Book Hike: Trip durch dramatische Schluchten mit leichten Kletterstellen. 6 Stunden. Jebel Qihwi Hike: Besteigung des Doppelgipfels des Jebel Qihwi, 1792 m. Großartiger Weitblick über die Ostküste am Golf von Oman (Gulf of Oman). Hin und zurück auf gleichem Weg. 6 Stunden.

Hatta Pools: Diese Wanderung (mit ein wenig Canyoning) folgt einem Wadi, das immer Wasser führt. Eine Rarität in diesem extrem trockenen Klima. Der Wasserlauf windet sich zwischen großen Felsbrocken und bildet sogar einige Meter hohe Wasserfälle. Wenn man flussabwärts wandert, erreicht man den Beginn einer Schlucht. Bei hohem Wasserstand muss man durch einige Pfützen schwimmen. Ein Vergnügen! Die Länge der Wanderung kann beliebig gesteuert werden. Von Dubai bis zu den Pools sind es ca. 120 km.

Suche entdeckt man den Trail wieder. Die Pfadspur steigt zunächst diagonal nach rechts und biegt dann nach links über einen sehr großen Felsblock ab. Wenn man den Pfad verliert, folgt man über grobes Blockwerk einfach der Linie, die mehr oder weniger direkt über die Geröllhalde zu deren höchstem Punkt führt. Rechts haltend klettert man bis zu einem Hang mit feinem Geröll oberhalb der Hauptabflussrinne des Wadi, der man im Wesentlichen die letzte Stunde gefolgt ist (+1,5 Stunden).

Von der Spitze der Geröllhalde quert man über das obere Felsband etwa hundert Meter nach links, bis man die erste «handgemachte» Steintreppe erreicht und sie in unvergleichlicher, wilder Felsszenerie erklimmt. Danach folgt man den speckig abgegriffenen Spuren im Fels zu einem zweiten «Stairway». Von hier folgt der Trek einer Serie von Vorsprüngen und Treppen rechts haltend. Dann erreicht man das «Dach der Welt», ein kleines bewohntes Dorf mit vielen Feldern. Der Blick von hier ist spektakulär. Hier ist der beste Platz für eine ausgiebige Rast (+1,5 Stunden).

Tipp: Man schaut immer nach den beschriebenen Bäumen aus, «liest» die schwarzen «Speckspuren» im Kalkgestein und wählt den Weg des geringsten Widerstands.

Die fantastische Rundtour zu beenden, erfordert nochmals viele Stunden Wandern und Klettern, der Weg ist aber einfacher zu finden. Man folgt der Felskante mit prächtigen Tiefblicken bis zum Gipfel des omanischen Jebel Bil Aysh mit seiner atemberaubenden Rundumsicht. In nordöstlicher Richtung hält man sich rechts einer verlassenen Siedlung und klettert eine grobblockige Geröllhalde hinunter bis zu zwei bewirtschafteten Feldern und auf Pfadspuren hinab ins Wadi Litibah. Dort folgt man gut erkennbaren Wegen bis zum Auto (+6 bis 8 Stunden).

23 Musandam-Halbinsel, Vereinigte Arabische Emirate/Oman

Anreise: Flug nach Dubai. Reisepass und europäischer Führerschein erforderlich. Am Flughafen bekommt man ein Visum für die VAE. Mietwagen am Flughafen (Off-Road-Fahrzeug sehr empfohlen, z. B. Toyota Land Cruiser oder RAV4). Man benötigt einen Führerschein für die VAE und erfragt die Organisation bei den Mietwagenfirmen. Bei der Einreise in den Oman wartet am jeweiligen Grenzposten weiterer Papierkrieg für Visum und Führerschein. Geringe Gebühren. Treibstoff ist spottbillig.
Beste Reisezeit: November bis März empfohlen, im Sommer mit Temperaturen bis 50 °C zu heiß.
Charakter: Langer Trek, an manchen Stellen extrem ausgesetzt. 2000 Höhenmeter im Auf- und Abstieg! Zweifellos ist «Stairway to Heaven» der spektakulärste Trek der arabischen Halbinsel – und auf der Welt wahrscheinlich einmalig. Die klettertechnischen Schwierigkeiten im tollkühn ausgesetzten Gelände überschreiten den 1. Grad nicht. Aber wie immer im Gebirge können Terrain, Temperatur und Wetterbedingungen schwanken und die Schwierigkeiten stark erhöhen.
Anforderungen: Selbstständige, erfahrene Bergsteiger – oder unter kundiger Führung auch ausdauernde Trekker – werden einen Höhepunkt in ihrem Trekkingleben erfahren. Eine exzellente Kondition, Trittsicherheit und keine Höhenangst sind unbedingte Voraussetzungen. Ein Bergführer klassischer Ausrichtung ist nicht zu mieten – die einzige Unterstützung bietet unseres Wissens Explorer Publishing (siehe Informationen), der ein bis zwei Mal im Winter diese Tour führt.
Übernachtung: Beim Start und Ziel Zeltbiwak (oder Übernachtung im Four-Wheel-Drive). In den Städten Hotels und Herbergen aller Klassen bis hin zum Hyper-Luxushotel in Dubai.
Ausrüstung: Bergsteigerausrüstung für heißes und kaltes Wetter, für extreme Sonne und kalte Temperaturen, für Wind und Regen, für raues Felsgelände. GPS und Mobiltelefon.

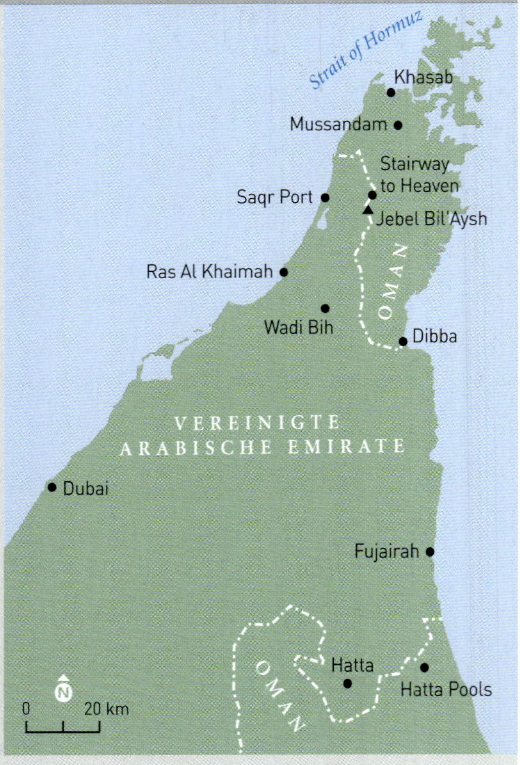

Informationen: Alle Touren finden sich detailliert auch im Englisch geschriebenen Buch «UAE Off-Road Explorer» von Explorer Publishing & Distribution, Dubai UAE, ISBN: 978-976-8182-68-5. Das Buch ist herausragend gestaltet und enthält Karten, Satelliten-Karten, GPS-Koordinaten (auch detaillierte für den «Stairway to Heaven»). Ein «must» für Off-road-Touren und Trekking. Für die Teilnahme an einem geführten Stairway-to-Heaven-Trekking: Telefon +9714-3353520, info@explorer-publishing.com. www.explorer-publishing.com.
Karten: Zur Übersicht: UAE Road Map, 1:750 000. Detailkarten siehe Informationen.

Die pittoreske Welt des Wadi Bih auf der Musandam-Halbinsel (oben). Einsames Fort in der Bergwildnis des Omans (unten).

Naturparadies Andamanensee

Die schönsten Inseln der Erde?

24

Die Andamanensee ist einer der prachtvollsten Flecken des Globus. Besonders für den Golf von Phang Nga im Süden Thailands, «einen zu Stein gewordenen Traum im Meer», gilt dieser Superlativ. Hunderte von Karstinseln wachsen aus den blauen Fluten, tragen dicke Überwürfe aus Urwald und «weinen» Stalaktiten, die wie Elefantenrüssel an den Felswänden hängen. Eine fantastische, zauberhaft schöne Welt aus Stein und Wasser. Nicht umsonst wurde in dieser bizarren Inselwelt der James-Bond-Film «Der Mann mit dem Goldenen Colt» gedreht.

Nur leichte Wellen kräuseln das klare, tiefblaue Wasser. Vor mir Ingrid, die vergnügt «in der Suppe rührt», wie ich ihr Paddeln geduldig kritisiere. Sie macht einige Schläge, blickt dann begeistert in die Runde, während ich mit einem Ziehschlag versuche, die Fahrtrichtung zu halten. Backbord steilt sich eine kleine Insel auf. An der Wasserlinie, die ständig von Ebbe und Flut und den Wellen bearbeitet wird, haben sich tiefe Höhlen gebildet.

Ein zu Stein gewordener Traum

Faul waren wir in den letzten Tagen, genusssüchtig und verspielt wie kleine Kinder, die offenen Mundes eine neue Welt entdecken. Wir fanden jeden Tag «unseren Strand», «unsere Bucht», «unsere Felswände», «unsere Palmen». In Thailand, dem «Land der Freien», waren wir tatsächlich frei, nur wenig eingeschränkt durch Ebbe und Flut, die regelmäßig unsere Buchten trockenfallen ließen oder überfluteten. Die Andamanensee, durch die sich unser Kanadier schiebt, ist alles andere als menschenleer. Aber nur wenige der kleinen Inseln sind bewohnt. Im flachen Meer der etwa 100 Kilometer breiten Bay herrscht reges Treiben. Longtail-Boote – das sind hölzerne Kähne mit einem brüllenden Zweitakter, der achtern eine viele Meter lange Welle antreibt – quirlen durch das Meeresbecken. Meist sind es nur winzige Strände vor himmelhohen Felswänden, auf denen wir unser Zelt aufschlagen können. Wehe, wenn in diesen flachen Gewässern Sturm herrscht – die Grundseen werden gewaltig! Die Gezeiten arbeiten regelmäßig, man kann die Uhr danach stellen. Wir paddeln durch einen unvorstellbaren Reichtum an Naturschönheiten, gebildet aus 160 Eilanden und einer tiefblauen See. Zwischen Inseln, die einen viele Hundert Meter hohen Canyon mit senkrechten Felsflanken bilden, schwimmt unser winziges Gummiboot, von Rudern geschoben und von der Ebbe gezogen.

Die Phang-Nga-Bucht ist berühmt für ihre Schönheit (linke Seite). Zwei Kulturen treffen aufeinander. Freundliche Thais haben Mitleid mit Paddlern. Diese müssen sehr arm sein, weil sie sich nicht einmal einen Außenbordmotor leisten können (oben).

Per Anhalter

Das Gluckern der Wellen wird vom rasenmäherartigen Motor eines Longtail-Bootes übertönt. Ein Fischer treibt seine bescheidene Holzwanne in Richtung der an der Kimm sichtbaren Holzpfähle, die, mit Netzen verbunden, mit Hilfe der Gezeiten eine prächtige Fischfalle bilden. Wir lächeln ihn an. Er lacht zurück und tuckert längsseits. Wie so oft erfolgt der prüfende Daumendruck, um die ungewohnten, prallen Wände unseres Gummibootes einzuschätzen. Mit Hilfe unserer Seekarte, einiger Worte Thai, viel Zeichensprache und einer Menge Gestik erkläre ich unsere Reiseroute: «Klong Panyi, Ko Panyi, Ko Mak, Ban Laem Tak, Laem Taeng, Krabi.» Klong ist ein Kanal, Ko eine Insel, Ban ein Dorf und Laem ein Kap. Er versteht, nickt respektvoll, bindet unser Kanu an und nimmt die internationale Währung, eine Zigarette, mit dem thailändischen «Koop kung kap!», der männlichen Form für «Danke» – entgegen.

Man erliegt unweigerlich dem Zauber der tropischen Inselwelt mit ihrem paradiesischen Leben und den Stränden, die zu den schönsten gehören, die ein Paddel-Trekker erfahren kann.

Die Andamanensee ist das Operationsgebiet nomadisierender Fischer. Ihre Freundlichkeit ist umwerfend.

Seezigeuner

War es erst gestern, als uns am irrwitzig schönen Strand Laem Taeng «Ali Baba und die vierzig Räuber überfielen» (Originalton Ingrid)? Wir dösten in der Mittagshitze an einem Strand wie aus dem Bilderbuch, mit Sand der allerfeinsten Sorte, einer schützenden Grotte gegen tropische Gewitter, himmelhohen Felswänden und einem Dschungel, in dem Affen lärmten. Wir waren uns selbst genug, und unser ereignisloses Leben hatte sich auf den sanften Konsum von Ruhe, Natur und Paradies eingependelt. Das ohrenbetäubende Zikadenkonzert wurde durch drei Longtail-Boote unterbrochen, die zielstrebig auf unseren Strand zusteuerten. Ich verwünschte meinen Leichtsinn, das Zelt nicht versteckt aufgebaut zu haben, legte die Rettungsraketen bereit, die – als Geschosse – mögliche Angreifer abwehren sollten, versteckte das große Survivalmesser so, dass ich es blitzschnell aus der Scheide ziehen konnte. Ich kam mir kein bisschen lächerlich vor. Wir befanden uns weitab von der

24 Andamanensee, Thailand

Anreise: Zahlreiche preiswerte Flugangebote aus Europa nach und von Phuket. Mit Bus oder Fähre von Krabi zurück nach Phuket.
Beste Reisezeit: Dezember bis Februar. Dauer ca. 8 Tage. Kann individuell gesteuert werden.
Charakter: Paradiesisches Kanutrekking im Golf von Phang Nga. Einsetzen im Ort Phang Nga nahe Phuket. Dann weiter der Küste entlang nach Süden. Aussetzen in Krabi im Südosten der Bucht. Fahrstrecke ca. 90 Kilometer. Abbruch mehrmals möglich. Unzählige Zeltplätze auf unbewohnten Inseln. Gezeiten beachten! Öfters Dorfkontakt mit Einkaufsmöglichkeiten.
Anforderungen: Keine, aber Strömungen, Wind und Gezeiten respektieren. Die beste Reisezeit beachten. In Landnähe halten. Es kann heiß, sehr heiß – und feucht – werden!
Übernachtung: Nur Zeltbiwaks. Oder einfach bei gutem Wetter im Schlafsack am Strand.
Ausrüstung: Seekajaks. Faltboote (Klepper, Puch…) oder aufblasbare Kanadier (Grabner) sind wegen der hohen Zuladung und des relativ leichten Transports von Europa besonders geeignet. Sturmfestes Zelt. Leichte Schlafsäcke, leichte Isomatte, Kocher.
Informationen: www.phuket-online.de
Karten: Britische Seekarte BA 3941 Thailand-West Coast, 1:200 000.

staatlichen Autorität, und unsere Ausrüstung war für Menschen, die am Existenzminimum leben, wertvoll.

Der primitive, hölzerne Anker flog in den Sand, die flachen Kiele der Boote fuhren auf den Strand. Die verwegenen Gestalten in weiten Pluderhosen sprangen ins knietiefe Wasser. «Sawasdee!», begrüßte sie Ingrid. Das heißt willkommen. Auf den Fersen hockten sich die wilden Seezigeuner um unser glimmendes Feuer und versuchten Konversation. «Woher? Wohin? Damit?» Sie zeigten blitzende Zähne. Gleich sechs Steinkrabben streckte die einzige Frau der Gruppe Ingrid zu, prächtige, 15 Zentimeter breite Exemplare. Die aufgeblasenen Backen machten ihr Gesicht noch Buddhaähnlicher, als sie unser Feuer wieder anfachte und die köstlichen Tiere in die Glut legte. Das Schäkelmesser beschäftigte Ingrid über Stunden, als sie den köstlich gegarten «Puuhs» durch die harte Schale «auf den Grund» ging, während die «Ali Babas» lachend unseren aufblasbaren Kanadier anhoben, die Paddel ausprobierten und ihre ungezwungene Fröhlichkeit unsere einsame Bucht erfüllte. Wir waren ihresgleichen, hatten zwar ein eigenes Boot, waren aber offensichtlich so arm, dass wir uns keinen Motor leisten konnten. Erst Stunden später fuhren die Longtail-Boote ins glitzernde Gegenlicht der silbrigen Wellen und in die sinkende Sonne.

«Krabi ist nicht mehr weit», murmelt die Brandung

Der Fischer drosselt den Motor. Wir bedanken uns artig, klettern ins Kanu, winken und lassen uns mit der steigenden Flut zur Küste schieben. Wieder einmal hat es mit dem «Anhalter» geklappt. Wir paddeln einträchtig den Kokospalmen, dem blendend weißen Strand und den roten, glatt gewaschenen Felsen mit den winzigen Sandstreifen entgegen – ein landschaftlicher Höhepunkt. Wie gerne würde Ingrid bleiben, denn die Arbeit in der Tropensonne macht kaputt. Unser Feind ist jedoch die kommende Flut, wir müssen weiter.

Nach einem anstrengenden Paddeltag steht unser Zelt auf einem schmalen Sandstreifen zwischen Wasser und Urwald. Dicht lehnen wir aneinander, erleben schweigend, wie die Berge im Westen sich verdunkeln und der Himmel zu glühen beginnt. Später liegt Ingrid zusammengerollt wie ein Igel auf ihrer Isomatte, während ich im hellen Licht des zunehmenden Mondes am Strand sitze und misstrauisch die höher steigende Flut mit dem fluoreszierenden Plankton beobachte, die kaum einen Meter vor unserem Lager ihren Höchststand erreicht. Salz sitzt in unserer Kleidung, und der Körper beginnt zu jucken.

Morgen werden wir nach Krabi paddeln, der quirligen Drehscheibe der Andamanensee, wo uns ein – preiswertes! – Luxushotel erwartet.

Die bizarre Insel wurde durch einen Film weltbekannt. Inzwischen in «James Bond Island» umbenannt, ist sie eine quirlige Touristenattraktion, an der man rasch vorbeipaddelt – zum nächsten einsamen Strand.

Kanu-Paradiese ohne Dornen | 25

Robinsonaden in den Inselwelten Palau und Yap

Zwei Juwele Mikronesiens. Wer kennt die Namen der Atolle östlich der Philippinen und nördlich von Neuguinea? Es sind einzigartige Minikosmen der Südsee. Man paddelt vor unberührten Riffen und langen Sandstränden, vorbei an Mantas, ungefährlichen Haien und über Unterwasserreviere der Weltklasse. Die exotische Anziehungskraft der 343 Inseln von Palau gipfelt in den aus Korallenriffen gewachsenen Rock Islands, der Faszination von Yap erliegt man in Urwäldern und an gleißenden Stränden. Mystische Höhlen und klare Süßwasserseen versetzen den Paddler in ein anderes Universum. Die Welt der Tropen vom Feinsten im Kajak, Kanadier oder Auslegerboot.

Palau: Inseln ohne fünf Sterne – aber mit fünf Diamanten

Neptun trifft sich hier mit den Winden. Die Inseln zählen für den von der Natur faszinierten Kanutrekker zu den berauschendsten Destinationen der Welt: Megapaddeln am «Ende des Regenbogens». Nur acht der Eilande sind bewohnt. Mit seinem einmaligen Panorama und den perfekten Riffen und Höhlen zählt Palau für den Kanuten zu den attraktivsten Zielen der Welt.

Backbord taucht eine kleine Insel auf. Die Felsen aus rauem, festem Kalk sind von Wind und Wetter erodiert. An der Wasserlinie, die ständig von Ebbe und Flut und den Wellen bearbeitet wird, haben sich tiefe Höhlen gebildet. Wie Champignons geformte Kuppen, mit Bäumen, Sträuchern und Lianen bewachsen, steilen aus dem smaragdgrünen Meer. Seit Tagen sind wir dem Zauber dieser seltsamen Inselwelt erlegen. Die Äquatorsonne ist auf 8 Grad Nord besonders intensiv und strahlt mittags fast senkrecht vom Zenit.

Welchen Mut entwickelten die früheren Palauer mit ihren Auslegerkanus! Mit ihren Nussschalen wagten sie sich hinaus auf das ungeheuer weite Meer. Der Atlantik ist eben nur der «große Teich», alle Meere sind gegenüber dem Stillen Ozean nur Pfützen.

Das yapesische Bai

Die Dörfer besitzen alle ein Männerhaus, gut sichtbar am Ufer des Meeres aus Baumstämmen und Bambus gezimmert. In ihm hat jeder Besucher – auch der Kanute – Anrecht auf Unterkunft für die Nacht. Abends treffen sich die Männer des Dorfes in diesem Bai, erzählen Geschichten und unterrichten die Jugend in den Künsten des Angelns, Segelns und Handwerkens. Die Yapesen sind sanfte und freundliche Menschen, die Fremde willkommen heißen.

Südsee im Rohzustand – über (linke Seite) und unter Wasser (oben).

Der Mond steigt so hell über Melekeok auf, wie wir es selten erlebten. Luna scheint nicht einfach, sondern gießt ihr Licht aus und überflutet das prachtvolle Panorama.

Alles in Palau dreht sich seit jeher um «Money». Früher war es das unförmige, mühlradgroße Steingeld, das aus Aragonitfelsen gebrochen und auf schwankenden Kanus bis zum nicht weit entfernten Inselstaat Yap transportiert wurde. Das «Kleingeld» hatte einen Durchmesser von eineinhalb Metern, passte also in keine Brieftasche.

Unbekanntes Yap

Südsee im Rohzustand. Die Hauptinsel Yap Proper ist 300 Meilen nahe an Palau gelegen – ein üppiges, tropisches Eiland, umgeben von einer seichten Lagune und geschützt von einem über 100 Kilometer langen Riff.

«Traditional sailing» – Yapesen beherrschen noch die Kunst, hölzerne Auslegerboote nicht nur zu paddeln, sondern auch zu segeln. Mit solchen Gefährten stießen Südsee-insulaner wahrscheinlich bis zur Westküste Süd-amerikas vor (rechts). Kajakerprobte Inselhopper erleben blendend weiße Palmenstrände, unwirk-lich klares Wasser und undurchdringliche Ur-wälder, in denen Affen und Papageien um die Wette kreischen (rechte Seite; oben). Mantas migrieren auf Yap regelmäßig zu ihren «Cleaning Stations». Taucher aus aller Welt besuchen mit großem organisatorischem Aufwand dieses Spektakel. Der Kanute beobachtet das Naturwunder «am Wege» mit Schnorchel und Taucherbrille (rechte Seite; unten).

Samtweich ist die Luft, herzlich das Lachen der barbusigen Schönen, und lebhaft sind die Stimmen der sich begrüßenden Fischer. Tradition wird hochgehalten. Malerisch sind die Männer, junge wie alte, im traditionellen «laba-laba», einem Lendenschurz, anzusehen. Die Frauen gehen ganz selbstverständlich «oben ohne» einkaufen.

Lange bevor Yap bei den Tauchbegeisterten der Welt durch seine Mantas bekannt wurde, war es für seine gewichtige Währung, sein Steingeld aus Palau, berühmt. Bis zu zwölf Fuß erreichen die riesigen Scheiben im Durchmesser und sind damit konkurrenzlos die größten Münzen der Welt. Immobiles Geld! Man war wahrhaftig steinreich.

Vor den Kajaks leuchten paradiesische Strände, mit weichem, klarem, warmem, sauberem Wasser und feinkörnigem Sand. Sie sind meist nur mit dem Boot zu erreichen. Wir schweben über Korallen und treffen Stella, die immerwährend lächelnde Yapesin. Sie thront inmitten von Menschen, Hunden und Hühnern auf einer Bank vor einer mit Palmwedeln gedeckten Hütte und zeigt ihre rotschwarzen Zähne, die vom Betelnusskauen gefärbt sind. Sie ist Hüterin des sehr bescheidenen «Visitor Center» an der nördlichen Inselspitze und lädt uns ein. Das Mittagessen wird unter dem Palmstrohdach mit Blick auf unsere Kajaks und das Meer serviert. Das yapesische Mahl ist einfach und köstlich – Fisch und Hähnchen, garniert mit Taro und Yams.

Palau: Krieg im Paradies

Wer weiß schon, dass Palau von 1899 bis 1914 unter deutscher Kolonialherrschaft stand? Im Ersten Weltkrieg wurde es von den Japanern besetzt und beim Friedensschluss Japan zugesprochen. Im Zweiten Weltkrieg dröhnten japanische Kampfflieger über die Rock Islands. Die blutigste aller Pazifikschlachten wurde hier mit den Amerikanern ausgetragen. In der Folge kamen die Inseln unter die Kontrolle der Vereinigten Staaten. Seit 1994 ist Palau ein unabhängiger Staat. Noch heute schimmern Flugzeugwracks im klaren Wasser, und Kajaks schweben darüber. Zwischen den Relikten des Kriegswahnsinns tummeln sich bunte Fische, und Kanonen rosten im Urwald.

«Outrigger», Auslegerkanus, kann man in Palau in moderner Ausführung leihen. S e ermöglichen ein besonders authentisches Kanuvergnügen, um die Südsee kennenzulernen (oben).

Die fast 300 Inseln der palauischen Rock Islands bilden «eines der zehn schönsten Tauchreviere der Erde», behauptete Cousteau. Der Unterwasserpapst musste es wissen (unten und rechte Seite).

Neben unseren Kajaks tanzt ein plumpes Holzkanu auf den Wogen. Sechs kräftige Männer beherrschen noch die Kunst des traditionellen Segelns. Staunend verfolgen wir, wie bei der Halse die vier Kräftigsten das große Segel samt Mast und Baum aus der Verankerung heben, unter lautem Geschrei von vorne nach hinten befördern und in einer Nut verankern. Immer wieder. Heck wird Bug, Bug wird Heck. Es ist begeisternd, einfach die Richtung zu ändern.

Es ist in erster Linie die unberührte Unterwasserwelt, welche die wenigen Touristen nach Yap zieht – vor allem die berühmten Manta-Rochen. Regelmäßig schweben sie mit den Gezeiten zu den sogenannten «Cleaning Stations», wo unzählige kleine Putzerfische auf die tonnenschweren, harmlosen Giganten warten, um deren weit geöffnete Kiemen von Parasiten zu befreien.

Als schnorchelnder Kanute ist man mit dem Naturspektakel auf Tuchfühlung.

25 Palau und Yap, Mikronesien

Anreise: Flug von Europa in etwa 20 Stunden via Manila oder Tokio nach Koror/Palau oder Colonia/Yap Proper. Flugverbindungen zwischen beiden Staaten.

Beste Reisezeit: Angenehm warme Temperaturen mit wenig Schwankungen im Jahresverlauf. Fast immer eine kühlende Brise. Die trockensten Monate sind Februar bis April. Während der Monsunzeit (Juli bis Oktober) sind morgens und abends heftige Regenfälle möglich. Die Wassertemperatur liegt ganzjährig bei 28 °C. Taifune sind auch auf Yap und Palau möglich, aber selten.

Charakter: Ideale Seekanureviere von atemberaubender Schönheit. Kajaks, Kanadier oder Auslegerboote bringen in den geschützten Atollen beider Inselgruppen die große Freiheit. Trotzdem: Landnähe suchen, sorgfältig die Routen planen.

Bevorzugte Reviere: In Palau die Rock Islands südlich von Koror, in Yap die Hauptinsel Yap Proper innerhalb des Atolls. Es ist keine exakte Route vorgegeben, man kann seine Tour selbst planen. Auf Yap Proper fast immer Straßenverbindung von den Dörfern am Strand nach Colonia.

Anforderungen: Hält man sich innerhalb der Atolle auf, bauen sich kaum größere Wellen auf. Die Riesenbrandung des Pazifiks bleibt «draußen». Tropische Stürme sind jedoch zu jeder Jahreszeit möglich. Ernst zu nehmen: Beim Schnorcheln in Höhlen auf Rotfeuerfische achten, die leicht an ihren flügelartigen Flossen, ihrer Buntheit und den extrem langen Rückenstacheln mit starkem Gift zu erkennen sind. Sie haben keine Feinde und bleiben auch bei Störungen ruhig stehen.

Übernachtung: Vom Fünf-Sterne-Hotel bis zur einfachen Zimmerunterkunft wird in Koror und Colonia alles geboten. Während der Paddeltouren Zelten oder Biwakieren an Traumstränden. Einige Inseln und Strände sind privat, reden Sie vorher mit den Outfittern vor Ort.

Ausrüstung: Kajak-Verleih auf beiden Inselgruppen bei mehreren Outfittern. Auslegerkanus – eine besonders spannende Alternative für Palau – durch die Agentur Fish 'n Fins in Koror. Tipp: Mit den Outfittern die Strecke planen und sich alle paar Tage versorgen lassen. Campingausrüstung. Unbedingt gehört eine Schnorchelausrüstung mit ins Boot. Wegen des unproblematischen Lufttransports bieten sich aufblasbare Kanadier und Faltboote an, wenn man keine Boote vor Ort mieten will.

Informationen: www.visit-palau.com und www.visit-fsm.org/yap.

Karten: Unter www.lib.utexas.edu/maps/palau.html ist gutes Material für Palau herunterladbar. Eine für einen Kanu-Trip ausreichend geeignete Kartenskizze von Yap ist im Touristenbüro in Colonia erhältlich.

Korallenriffe schützen die Inseln vor der mächtigen Dünung des Pazifiks. In ihrem Inneren lässt sich geschützt paddeln (oben). Auf Yap wird Tradition gepflegt (links).

Tasmanien – Under Down Under

26

Tracks im «Land des Tasmanischen Teufels»

Was macht die geheimnisvolle Insel unter dem tiefen Süden Australiens zu einem der weltbesten Trekking-Reviere? Stellen Sie sich folgendes Eiland vor: ungezähmte Flüsse, die sich durch die Wildnis eines Weltnaturerbes winden. Leuchtende Strände, wo die Spuren des einsamen Wanderers die einzigen im Sand sind. Den eigenen Horizont in purer Wildnis erweitern und die frischeste Luft in einem Regenwald der Vorzeit einatmen. Dem Lockruf der Wildnis erliegen. Backpackers Traum auf einem «Track», wie ein Trekking hier heißt, erfüllt sich auf der immergrünen Insel.

Trekken auf «Puderzucker-Stränden» (linke Seite), beobachtet von Kängurus, die hier Wallabys oder auch Forester Kangaroos heißen (oben).

Die Droge «T»

Tasmanien ist die perfekte Mischung aus mildem Seeklima und den ausgewogenen Wechseln zwischen Wärme und Feuchte. Ein Vergleich? Eine Mischung aus Bayern und Südsee trifft das am ehesten. Ein Land, wo Milch und Honig fließt, von der Natur überreich beschenkt. Es warten Traumpfade im Land der Kängurus, die hier Wallabys heißen und mit denen man auf Du und Du ist. Die Insel hat mehr Tierarten als Amerika und Europa zusammen. Viele davon gibt es sonst nirgends auf der Welt.

Man wandert durch dichte Eukalyptuswälder und erkundet atemberaubend schöne Strände: vom blendend weißen Sand zu den Riesenbäumen des Regenwaldes. Nationalparks noch und noch – mehr als die Hälfte der Insel ist geschützt, ein Fünftel ist UNESCO-Weltnaturerbe. Vom Regenwald über schneebedeckte Berge bis zu umbrandeten Steilküsten. Dramatische Wasserfälle, leuchtend rote Felsen und magisches Grün.

Bushwalk Overland Track

Tasmanien gründete schon im frühen 20. Jahrhundert einen der ersten Nationalparks der Welt. Start ist im Norden beim Cradle Valley. Dann geht es durch bizarren Urwald und über Berge immer südwärts. Der 76-km-Trek (ca. 7 Tage) endet am 14 km langen, dramatisch schönen Lake St Clair, dem tiefsten See Australiens. Die Zelte stellt man auf einer der ausgewiesenen Campingplätze auf. Die Alternative sind Hütten: öffentliche, oft miserabel – oder private, exzellent gewartet und vom Heli versorgt. Letztere sind teuer, erleichtern aber den Rucksack erheblich. Naturschutz vor Naturnutz: Der Trail führt in ökologisch empfindlichen Teilen über «boardwalks», Plankenwege, um die empfindliche Natur vor Erosion zu schützen. Trotzdem ist es ein Trek durch pure Wildnis.

Tasmanien liegt nur 240 Kilometer von der südöstlichen Spitze des australischen Festlandes entfernt und ist auch ein Exerzierplatz der Elementargewalten: Das Klima wird bestimmt durch die «Roaring Forties», stürmische Westwinde um den südlichen 40. Breitengrad. Auch im Hochsommer lassen sie das Wetter blitzschnell umschlagen, manchmal fällt sogar Schnee.

Trekking durch ein Naturwunder

Was die Insel an grandiosen Schönheiten zu bieten hat, konzentriert sich entlang des Overland Tracks, eines der außergewöhnlichsten Trekkings des Globus. Ein Hochgebirgspfad durch das Herz der «Tasmanian World Heritage Area», ein Abenteuer für Hartgesottene. Fordernde Eroberungen abseits der Zivilisation zwischen Schwüle und Schneesturm, Zeltnächte unter Myriaden von Sternen. Will man die Symphonie nie gehörter Tierstimmen erleben, ist das kein Problem, zum Beispiel die des Tasmanischen Teufels, eines eichhörnchengroßen Raubtiers mit zutraulichem Charakter. Oder abgelegene Gipfel besteigen,

Der Overland Track ist eine Art Zeitreise durch endemische Urwaldflora, die sich isoliert vom australischen Kontinent entwickelte (rechts). Das gilt auch für die Fauna, z. B. den Tasmanischen Teufel (unten links) und den Schnabeligel Echidna (unten rechts). Die Cradle Mountains sind eines der ersten Naturschutzgebiete der Erde (rechte Seite).

Land aus der Urzeit betreten und wundersame Tiere beobachten. In Tasmanien heißt so etwas «bushwalk».

Man startet beim Cradle Mountain im Lake Saint Claire National Park. «A man, his wife and a mountain» – Gustav Weindorfer, ein österreichischer Landwirt und Bergsteiger, erstieg 1910 mit seiner Frau den Gipfel als Erster und beschloss: Dies muss ein Nationalpark werden. Es wurde einer der ersten der Welt daraus, der «John Muir Australiens» erreichte sein Ziel.

Einige Hundert Wanderer meistern den Track jedes Jahr, aber nur die Ausdauerndsten schaffen auch den steilen Abstecher zum 1617 Meter hohen Mount Ossa, dem höchsten Gipfel der Insel. Es bieten sich atemberaubende Blicke von der Bass Strait bis zu den verschlungenen Bergspitzen im Süden.

Der Preis für eine Wanderung durch das Naturwunder? Rucksack schleppen, Nächte im Zelt und in klammen Hütten, heftige Anstiege und schmerzende Muskeln. Vorbei an von aggressiven Gletschern ausgeschabten Tälern und Kar-Seen. Freche Opossums knabbern an den Schnürsenkeln, Quolls – Tüpfelbeutelmarder – schnüren vorbei, und die zum Knuddeln niedlichen Wombats grasen im puren Paradies. Hier im Wilden Westen des Cradle Mountain-Lake St Claire National Park riecht der Regenwald feucht und erdig. Die Vielfalt der Vegetation ist atemberaubend. Viele Pflanzen sind einzigartig, endemisch eben. «Walking the Wilderness» im «World Park».

Vorangehende Doppelseite: Nur mit Superlativen zu belegen: Die unwirklich schöne und wilde Welt der Bay of Fires.

Selbst Tasmaniens Hauptstadt Hobart ist in eine spektakuläre Naturkulisse eingebettet (rechte Seite; oben). Horizontales Trekking zwischen Brandung und Urwald (rechte Seite; unten).

Bay of Fires Conservation Area und Mount William National Park

Im Nordosten Tasmaniens liegen zyklopische Steinkugeln, rote Felsen glühen auf weißem Sand. Die anstrengende Meerwanderung daran vorbei ist wie Meditation. Strände so weit das Auge reicht. Blendend, grell, menschenleer, schneeweiß – und unglaublich sauber. Einfacher ausgedrückt: Sie sind von überirdischer Schönheit.

Man wandert im riesigen Oval der Bucht über Südseestrände ohne Palmen, zwischen lässig von der Natur hingeworfenen Granitbouldern und der tiefblauen gischtenden See. Als die ersten Siedler vor der Küste ankerten, sahen sie die Lichter vieler Feuer der Eingeborenen, und sie gaben der Bay diesen Namen.

Tagsüber steht eine heiße Sonne im Norden. Im Abendlicht glühen rote Felsen, eingerahmt von den Schaumkronen der donnernd anrollenden Brandung. Nachts funkelt das Kreuz des Südens am Firmament. Hier kann man sich nach seiner Façon glücklich wandern. Vom Mehrstunden-Hike bis zur viertägigen Herausforderung mit respektabel schwerem Rucksack. Der einzige Zivilisationspunkt ist der Leuchtturm Eddystone Point zwischen den beiden Parks, zu dem sogar eine Straße führt. Sonst wandert man durch eine dramatische, völlig unberührte Landschaft, die auf der Erde ihresgleichen sucht.

Es ist der unglaublich schöne Nordosten der Insel, der dem Trekker sprichwörtlich der Himmel auf Erden ist. Die Wanderung wühlt Geist und Seele auf.

Die sensationelle Bay of Fires

Sind Treks ohne Höhenunterschiede das Out für Bergsteiger und Trekker? Nein, das unglaublich schöne, ebene Terrain macht es wett. Die flachen Küsten sind der Wanderwahnsinn! Der Sonnenuntergang mit den glühenden Bouldern, den kugelrunden Felsen, ist ein fast tägliches Spektakel. Empfohlen ist ein etwa viertägiger Trek über ca. 40 km an der Nordostküste von Nord nach Süd, vom Nordrand des Mount William National Park über den Eddystone-Leuchtturm bis Ansons Bay. Kurz davor, inmitten spektakulärer Natur, liegt die legendäre Bay of Fires Lodge im Einklang zwischen Wildnis und Moderne. Sie wurde preisgekrönt, ein Meisterstück des Architekten Ken Latona. Eine Wildnislodge, die als einmalig einzuordnen ist.

26 Bay of Fires und Overland Track, Tasmanien, Australien

Anreise: Von Europa Flug nach Melbourne oder Sydney, von dort Flug nach Launceston oder Hobart (Flugzeiten etwa 27 Stunden). Auf der Insel gut überdeckendes Busnetz.
Beste Reisezeit: Am schönsten ist es in Tasmanien von Oktober bis Mai. In diesen Monaten sind die Tage am längsten und die Durchschnittstemperaturen am höchsten. Für den Overland Track sind jedoch wegen der Höhenlagen Dezember bis April empfohlen.
Charakter: Tasmanien bietet eine verschwenderische Zahl an Treks. Aus diesem Füllhorn wurden zwei der schönsten der Insel und Australiens gefiltert. Mehr Informationen siehe Kastentexte.
Anforderungen: Wandertechnisch sind beide empfohlenen Trekkings leicht, aber die Kondition ist gefragt. Bis 8 Gehstunden pro Tag, und je nachdem, welche Variante man wählt – auf eigene Faust mit Zelt oder organisiert mit leichterem Gepäck (siehe www.bayoffires.com.au) –, etwas für «Genussspechte» oder «Eisenbeißer». Man muss trittsicher sein, körperlich fit und auf dem Overland Track manchmal auch leidensfähig. Starke Witterungsschwankungen sind möglich.
Übernachtung: In den Städten wie Hobart und Launceston Hotels aller Klassen. Auf den Tracks Hütten und Camp Areas.
Ausrüstung: Vor allem für den Overland Track gilt, dass die Witterungsverhältnisse extrem sein können. Die Ausrüstung ist sowohl auf heiße als auch auf kalte Tage abzustimmen. Campingausrüstung mit sturmfestem Zelt.
Informationen: Buch «100 Walks in Tasmania», ISBN 9-871741-725-8. www.discovertasmania.com und www.bayoffires.com.au
Karten: Tasmania Visitors Map, 1:500 000 (Übersicht, Department of Environment and Land Management). Detailkarten 1:25 000 aller Wanderregionen vor Ort.

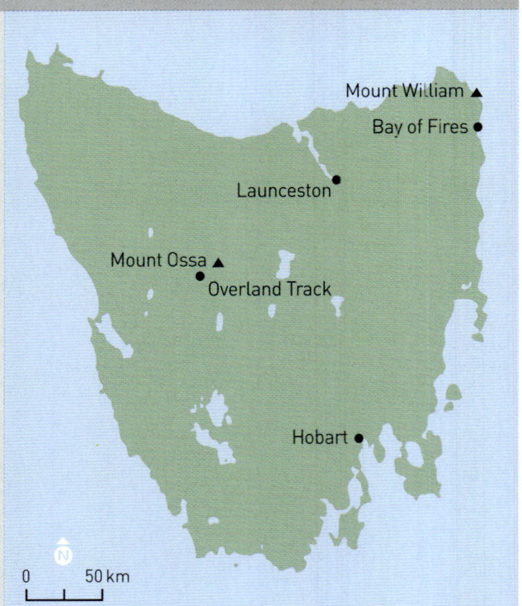

Bildnachweis

Abkürzungen: **u** unten, **o** oben, **r** rechts,
l links, **b** beide, **a** alle

Archiv Martin Kössler: 77
Archiv Michael Vogeley: 14 (u), 22, 52 (o), 151,
Aastrup: 34
Klaus Ernstberger/Michael Vogeley: 42 (b), 43, 45 (b), 46 (b), 47 (b), 49 (b)
Fish'nfinns: 192 (u), 193 (u)
Explorer Publishing: 176, 179 (u)
Innovation Norway: 103, 104 (u), 109 (u), 112, 119, 120, 121 (b)
Kärrberg: 122 (o)
Gerhard Miosga: 33 (u r)
Gerhard Miosga/Michael Vogeley: 35, 36, 37, 38, 39 (b), 40, 41 (b)
North Winds: 53 (o)
Parks Canada: 50, 51, 52 (u)
Thomas Pientka/Michael Vogeley: 56, 57, 58 (b), 59 (b), 60/61, 62 (o), 63 (b), 65 (b), 66, 67, 72 (o), 72 (u), 73 (u)
José Porras: 30
Hans Steinbichler: 94, 95, 96, 97, 98/99, 100, 101 (b)
Luis Stitzinger: 18, 19, 20 (o b), 21 (b), 23 (b)
Tourism Tasmania: 196, 197, 198 (a), 199 (b), 200/201, 203 (o)
Ben Tubby: 33 (o)
Andreas Umbreit: 102, 104 (o), 106 (o), 109 (o)
Michael Vogeley: 12 (b), 13, 14 (o), 15 (b), 16 (b), 17, 24 (b), 25, 26, 27 (a), 28, 29, 31, 32, 33 (u l), 53 (u), 54, 55, 68/69, 70, 71 (b), 73 (o), 74, 75, 76, 79 (b), 81 (b), 82, 83 (b), 84, 85, 87 (b), 88/89, 90, 91 (a), 93, 105 (b), 106 (u), 107 (o), 108, 110, 111, 113 (b), 115 (b), 117, 123 (o), 123 (u), 125 (o), 126 (b), 127, 128/129, 130 (b), 131 (b), 133 (b), 134 (b), 135, 136, 137, 138 (b), 139 (b), 141 (b), 142, 143, 144, 145 (b), 146, 147 (b), 149 (b), 150 (b), 152, 153 (b), 155 (o), 156, 157, 158 (b), 159, 160, 161, 162, 163, 164, 165, 166, 167 (b), 168, 169, 170, 171 (b), 172 (b), 175 (a), 173 (b), 177, 178, 179 (o), 181 (b), 182, 183, 184 (b), 185 (b), 186 (b), 187, 188, 190 (o), 191 (o), 195 (u), 203 (u)
Vägvisaren: 118, 123 (u), 125 (u)
Erich Wilts: 107 (u)
ZFL: 189, 190 (u), 191 (u), 192 (o), 193 (o), 195 (o)

Dank

Obwohl das Schreiben eines Buches häufig ein einsames Unterfangen darstellt, kommt man als Autor nicht ohne Hilfe aus. Ich danke all denen, die mich bei diesem Buch unterstützt haben. Und das sind nicht wenige!

Artig erwähnt man in einer Danksagung gemeinhin die eigene Partnerin, Ehefrau. Artig? Es ist die pure Wahrheit, dass meine Frau Ingrid Ferschoth-Vogeley eine entscheidende Rolle in meinem Trekker- und Abenteuerleben spielt. Sie lässt mich so oft frei, motiviert mich («du brauchst das») und war auf vielen der dargestellten Abenteuer direkt dabei oder indirekt beteiligt. Das nötigt Respekt vor ihrer Courage ab, denn bequem waren die meisten Touren «mit einem Verrückten» für sie nicht. Ich empfinde eine tiefe Dankbarkeit für ihre Toleranz.

Freundschaft ist nicht unbedingt in Mode und «unrentabel». Wenn man sich für den Partner, Freund engagiert, bekommt man dafür weder Zinsen noch Rendite – und doch ist es die beste Investition des Lebens. Ich danke diesen Gefährten für die Zuverlässigkeit und das Können bei manchem verrückten Trekkingabenteuer: Klaus Ernstberger, Martin Kössler, Gerhard Miosga, Thomas Pientka – sie haben mich mit ihrer Kameradschaft reich gemacht.

Ein Buch ist auch im IT-Zeitalter ein überraschend komplexes und vor allem handgemachtes Werk. Meine Texte durchliefen, nachdem sie den Computer verlassen hatten, mehrere engmaschige Filterstationen. Die erste Anlaufstelle war Ingrid. Sachkundig und mit kritischem Blick kommentierte sie meine Ergüsse und rückte auch manche Erinnerung gerade. Die Lektorin Monika Schib Stirnimann setzte mit ihrer unglaublichen Genauigkeit und ihrem kosmopolitischen Wissen Maßstäbe für mein zukünftiges Autorenleben. Danke, dass ich so viel Neues von ihr lernen konnte. Viele Puzzleteile aus Bild und Text wurden vom Verlagsleiter Urs Bolz zu einem wie ich meine ansprechenden Ganzen gefügt. Er hielt professionell die Fäden in der Hand. Höhepunkt der Arbeit war die gemeinsame, äußerst effektive Endbearbeitung der Fahnen. Für diese fruchtbare Arbeitsgemeinschaft in freundlicher Atmosphäre danke ich ihm.

Viele der dargestellten Touren wurden von Sponsoren mitgetragen. Deren Ausrüstung kann ich für Trekkingtouren empfehlen: adidas AG, Herzogenaurach (Bekleidung und Schuhe); Grabner GmbH, Haag (aufblasbare Trekkingboote); W. L. Gore & Associates, Putzbrunn (Membranen und Stoffe, die heute in jeder renommierten Outdoor-Ausrüstung verarbeitet sind); Lukas Meindl GmbH & Co. KG, Kirchanschöring (Trekkingschuhe der Extraklasse); Salewa GmbH, Aschheim (professionelle Ausrüstung); Klepper AG, Rosenheim (Faltkajaks); Simpert Reiter GmbH, Augsburg (leichtgewichtige Nahrung) ... Und nicht zu vergessen der DAV Summit Club GmbH, München, für den ich viele Reisen und einige Expeditionen geleitet habe. Und die von mir geführten Kunden, mit denen ich außergewöhnliche Trekkingerlebnisse teilen konnte.

Für die unkonventionelle Bereitstellung von Fotos danke ich Hans Steinbichler (Island) und Luis Stitzinger (Alaska/Yukon).

Ach ja. Das soundsovielte Buch zu schreiben, ist eine Art Seelennahrung. Großartige Erlebnisse wurden beim Schreiben wieder lebendig, die geschilderten Touren erlebte ich in der Rückschau noch einmal intensiv. Dafür danke ich jedem Käufer dieses Buches.

8 Nordpol
9 Diskobucht
11 Tunu
7 Auyuittuq Park, Itijjagiaq-Trail
2 Klondike-Trail
12 Laugavegur
10 Ketil-Fjord
16 Sentier des douaniers
18 Haute Randonnée Pyrénéenne
20 Wüstenschiff
1 Na-Pali-Küste
3 Robinson-Crusoe-Inseln
4 Villarrica
5 Última-Esperanza-Fjord
6 Antarktische Halbinsel